AS DUAS FACES DO GUETO

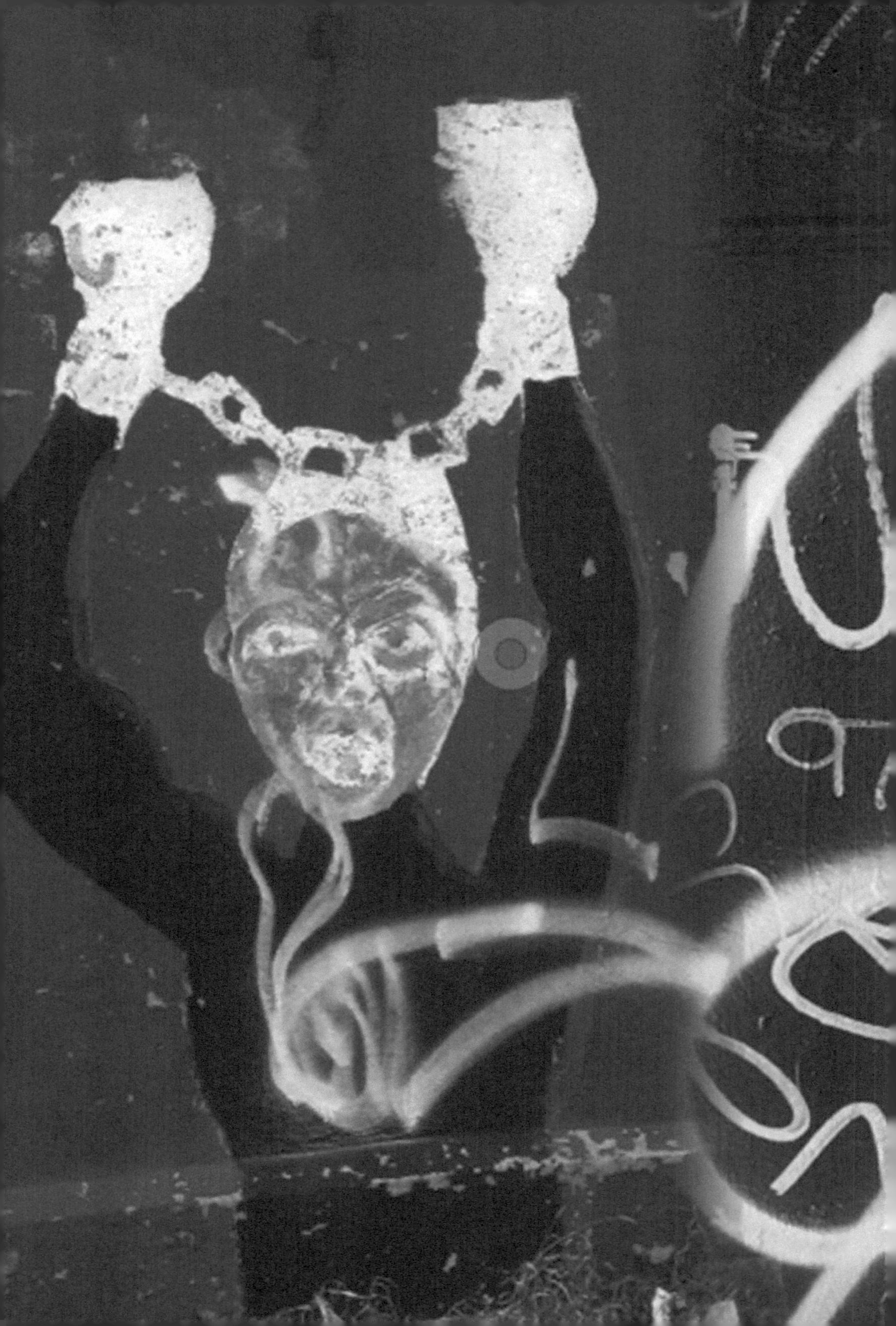

AS DUAS FACES DO GUETO

Loïc Wacquant

COORDENAÇÃO EDITORIAL	Ivana Jinkings
EDITORES	Ana Paula Castellani João Alexandre Peschanski
ASSISTENTES EDITORIAIS	Guilherme Kroll Mariana Tavares
TRADUÇÃO	Paulo Cezar Castanheira
REVISÃO TÉCNICA	Marco Aurélio Santana
EDIÇÃO DE TEXTO	Mariana Echalar (preparação) Maitê Casacchi (revisão)
DIAGRAMAÇÃO	Raquel Sallaberry Brião
CAPA	David Amiel sobre fotos de Eugene Martin
IMAGENS	Urban Data (verso de capa) P. W. Baker e Urban Data (p. 4)
COORDENAÇÃO DE PRODUÇÃO	Juliana Brandt
ASSISTÊNCIA DE PRODUÇÃO	Livia Viganó

CIP-BRASIL. CATALOGAÇÃO-NA-FONTE
SINDICATO NACIONAL DOS EDITORES DE LIVROS, RJ

W119d

Wacquant, Loïc J. D., 1960-
As duas faces do gueto / Loïc Wacquant ; tradução de Paulo Cezar Castanheira. - São Paulo : Boitempo, 2008.

Tradução de: The Two Faces of the Ghetto and Other Essays
Inclui bibliografia
ISBN 978-85-7559-109-3

1. Política urbana. I. Título.

08-1850.

CDD: 307
CDU: 316.334.55/.56

1ª edição: junho de 2008;
1ª edição revista: junho de 2012; 3ª reimpressão: fevereiro de 2025

BOITEMPO
Jinkings Editores Associados Ltda.
Rua Pereira Leite, 373
05442-000 São Paulo SP
Tel./fax: (11) 3875-7250 / 3872-6869
editor@boitempoeditorial.com.br | www.boitempoeditorial.com.br
www.blogdaboitempo.com.br | www.youtube.com/tvboitempo

Sumário

Sumário

Apresentação

Sobre a criação e a contenção dos rejeitados urbanos

Os nove artigos que compõem este volume constroem uma ponte empírica e analítica entre meus dois livros anteriores: *Os condenados da cidade* e *As prisões da miséria*, em que examinei o surgimento de um novo regime de marginalidade urbana nas sociedades avançadas do Ocidente capitalista e o consequente desvio da estratégia governamental na direção da punição da pobreza[1]. São o relato de uma década de pesquisa voltada para a dissecação da mudança de nexo da marginalidade social, da divisão etnorracial e da política do Estado nas metrópoles do Primeiro Mundo na alvorada do século XXI, a partir de uma perspectiva comparativa e teórica. Revisitam a dura realidade histórica e (re)constroem um robusto conceito sociológico do gueto como aparelho socioespacial de segmentação e de controle etnorracial. Também examinam o modo como, para implementar a revolução neoliberal, Estados abandonaram a regulamentação do bem-estar social para priorizar a administração penal dos rejeitados humanos da sociedade de mercado, que tende a incorporar o subproletariado urbano a uma sulfurosa marginalização.

Na esteira dos recorrentes levantes de jovens no final da década de 1980 (do tipo que irrompeu novamente de forma espetacular em novembro de 2005), o debate público em torno do estado e do destino dos conjuntos habitacionais da periferia urbana da França (chamados de *cités*) esteve recheado de referências ao gueto negro norte-americano. "Para acabar com o mito das '*cités*-guetos'", primeiro capítulo deste livro, mostra que a sub-reptícia introdução e a difusão descontrolada do imaginário e de terminologias norte-americanas de segregação racial

[1] Loïc Wacquant, *Os condenados da cidade: um estudo sobre a marginalidade avançada* (Rio de Janeiro, Revan, 2001) e *As prisões da miséria* (Rio de Janeiro, Jorge Zahar, 2001).

impediram um diagnóstico preciso das relações em rápida evolução entre classe, lugar e pobreza nas cidades francesas, pois se basearam erroneamente na confluência entre marginalidade, violência e decadência urbana com guetoização. A exótica referência ao gueto negro norte-americano apaga as diferenças históricas, estruturais e funcionais entre os padrões de desigualdade e de marginalidade nos Estados Unidos e nas cidades francesas. Mas mostrou-se imensamente sedutora, porque permitiu à elite intelectual e política francesa que falsamente "espacializasse" e "etnicizasse" a nova questão social da informalização do trabalho assalariado e, desse modo, evitasse a realidade da destruição politicamente patrocinada da classe trabalhadora tradicional e de seus territórios estabelecidos. Não se trata só do caso francês, o falacioso mito público das "*cités*-guetos" se aplica a todos os países da Europa ocidental: não existe um "gueto turco" em Berlim, nem um "gueto caribenho" em Londres ou um "gueto surinamês" em Amsterdã, assim como não existe um "gueto árabe" nas periferias de Paris, Marselha ou Toulouse[2]. O ônus da prova da adequação desse conceito para a realidade das cidades europeias cabe àqueles que o importaram.

Do segundo ao quinto capítulo, conduzo o leitor ao gueto norte-americano, para dissecar a estrutura, a função e a dinâmica sociais peculiares dessa "cidade negra dentro da branca", cuja presença duradoura deu forma definitiva ao desenvolvimento das metrópoles, das políticas e da cultura nos Estados Unidos, além de ter sido referência central no recente debate europeu sobre pobreza e etnicidade[3].

"Descivilização e demonização" aprofunda a análise da transformação do gueto negro norte-americano, após os anos 1960, caracterizando a realidade material e o discurso público como o resultado de dois desenvolvimentos interligados. No nível sociorrelacional, o gueto foi submetido a um *processo de descivilização*, no sentido que Norbert Elias dá ao termo, causado não por "desajustes" espaciais, pela excessiva generosidade do *welfare* ou pela chamada cultura da pobreza e supostos impulsos antissociais de seus residentes, e sim pela retração do Estado e pela resultante desintegração do espaço público, além do esgarçamento dos

---

[2] Para advertências pertinentes no caso da Alemanha, Inglaterra e Suécia, ler, respectivamente, Ceri Peach, "Does Britain Have Ghettos?", *Transactions of the Institute of British Geographers*, v. 21, 1996, p. 216-35; Jens Sambale e Volker Eick, "Das Berliner Ghetto: Ein Missverständnis", em Clara Meister, Anna Schneider e Ulrike Seifert (eds.), *Ghetto: Image oder Realität?* (Berlim, Eigenverlag, 2005), p. 10-6; e Carl-Ulrik Schierup, "Uteslutningens Politiska Ekonomi: Mot en Transatlantisk Konvergens?", *Sociologisk Forskning*, v. 38, n. 3-4, 2001, p. 71-114.

[3] Ver, por exemplo, Sako Musterd e Wimm Ostendorf (eds.), *Urban Segregation and the Welfare State: Inequality and Exclusion in Western Cities* (Londres, Routledge, 1998); Hartmut Haüßerman, Martin Kronauer e Walter Siebel (eds.), *An den Rändern der Städte: Armut und Ausgrenzung* (Frankfurt am Main, Suhrkamp Verlag, 2004); e Patrick Weil, *La République et sa diversité: immigration, intégration, discrimination* (Paris, Seuil, 2005).

laços sociais no núcleo urbano. Esse processo levou, no nível simbólico, à demonização do subproletariado negro por meio da alcunha de *underclass**, um mito semijornalístico e semiacadêmico, baseado na lúrida imagem das temíveis gangues de rua e da dissoluta "mãe *welfare*"**. Descivilização e demonização formam uma combinação estrutural e discursiva, em que cada elemento reforça o outro e em que ambos servem em tandem para legitimar políticas públicas de abandono urbano e contenção penal, responsáveis pela situação de risco do Cinturão Negro no fim do século passado.

Ao adotar uma perspectiva relacional de longo prazo e ao trazer o medo, a violência e o Estado para o espaço analítico, foi possível especificar, em "Elias no gueto", a transição do gueto comunitário de meados do século XX para o "hipergueto" contemporâneo, ressaltando a interação dinâmica entre três tendências fundamentais: a despacificação do cotidiano evidenciada em taxas excessivas de violência pessoal; a desdiferenciação social que conduz à desertificação organizacional; e a informalização da economia. Cada uma dessas forças internas foi desencadeada e, por sua vez, estimulada pela causa externa do mercado e da retração das esferas estatais, resultando no colapso das instituições públicas e na substituição gradual da rede de assistência do Estado de bem-estar social pela "rede de arrasto" da polícia, dos tribunais e das prisões. Tudo isso para jogar luz sobre as *raízes claramente políticas* do padrão urbano de exclusão racial e de classe, cuja materialização concreta é o hipergueto de hoje.

Mas o espetacular colapso econômico e a acelerada involução social do gueto negro norte-americano após o auge do movimento pelos direitos humanos podem induzir à errônea identificação da guetoização com o empobrecimento, e a uma confusão entre encapsulação etnorracial e desemprego agudo e seus dolorosos efeitos colaterais. Para evitar essa falha analítica e os erros políticos a ela associados, "Uma cidade negra dentro da branca" retoma a história social dos afro-americanos na metrópole industrial, para demonstrar que o gueto negro nunca foi uma mera coleção de famílias ou um simples acúmulo espacial de condições sociais indesejáveis (privação de renda, dissolução familiar, deterioração das moradias ou crime endêmico e outros desvios comportamentais). Desde a origem, o gueto negro foi *uma forma institucional, uma arma de poder de setores da sociedade* por meio da qual os brancos dominantes mantiveram os

---

* O termo se refere ao mais baixo substrato social das cidades contemporâneas, que não está integrado à classe trabalhadora, geralmente associado a comportamentos desviantes. Essa definição foi rejeitada por cientistas sociais, como William Julius Wilson e Loïc Wacquant, que analisam as relações sociais e culturais existentes nos guetos, mostrando sua complexidade e refutando o estigma negativo. Mais sobre esse termo no capítulo 2 deste livro. (N. E.)

** Expressão cunhada para caracterizar mulheres solteiras, com um ou mais filhos, desempregadas ou subempregadas, que dependem de benefícios sociais para sobreviver, geralmente em condições precárias. (N. E.)

descendentes de escravos – uma população que consideravam corrompida e perigosa – a um só tempo isolados e subjugados, forçados a residir em um perímetro restrito, onde os negros desenvolveram um microcosmo paralelo e uma cultura unificada. O enclausuramento organizacional compulsório, baseado no confinamento espacial, foi observado por todos os grandes estudiosos afro-americanos da situação negra urbana no século XX, de W. E. B. Du Bois, St. Clair Drake e Horace R. Cayton a E. Franklin Frazier, Kenneth Clark e Oliver Cromwell Cox. A curiosa elisão da dimensão etnorracial da segregação urbana na fantasia acadêmica da *underclass* do gueto, que surgiu na década de 1980 e redefiniu o gueto em termos estritamente econômicos (abrangendo qualquer área em que 40% de seus habitantes estivessem abaixo da linha oficial de pobreza), revela não somente uma mudança secular do foco intelectual da desigualdade estrutural para o comportamento individual[4], mas também a crescente supressão da raça na pesquisa orientada para aperfeiçoar políticas públicas, justamente em um momento em que a sociedade norte-americana oscilava para a direita e a Guerra contra a Pobreza, dos anos 1960, perdia espaço para a Guerra contra o Estado de Bem-Estar Social, dos anos 1990.

A retomada da história social e o recurso à comparação transnacional, conjuntamente, podem levar à compreensão completa da questão do gueto. Por quase um século, os cientistas sociais usaram o termo em um sentido descritivo, renunciando a desenvolver um conceito analítico viável para entender o gueto, preferindo tomar emprestadas noções folclóricas correntes na sociedade em estudo. O capítulo 5, foco central e título do livro, repara essa lacuna: elabora um *conceito relacional* de gueto como um *instrumento de enclausuramento e de controle etnorracial*, as duas faces de Janus, condizente com os ensinamentos da sociologia da experiência negra norte-americana da cidade fordista, com a historiografia dos judeus na Europa renascentista e com a antropologia das minorias segregadas na Ásia. A síntese dessas três linhas de pesquisa evidencia que um gueto é um instrumento institucional, composto de quatro elementos – estigma, restrição, confinamento espacial e enclausuramento organizacional – que emprega o espaço para garantir a *exploração econômica* e o *ostracismo social*. O gueto não é uma "área natural" que serve para separar populações e atividades, coextensivo à "história da migração", como sabidamente afirmou Louis Wirth em seu livro clássico *The Ghetto* [O gueto] e, depois dele, legiões de sociólogos e urbanologistas, que, caindo na armadilha ecológica montada pelos pioneiros da Escola de Chicago, confundiram gueto com cortiço e bairro étnico[5]. Trata-se,

---

4 Alice O'Connor, *Poverty Knowledge: Social Science, Social Policy, and the Poor in Twentieth-Century U.S. History* (Princeton, Princeton University Press, 2001).

5 Louis Wirth, *The Ghetto* (Chicago, The University of Chicago Press, 1928). McKee atribui os erros e limitações da análise de Wirth ao modelo evolutivo e assimilacionista do "ciclo das

pelo contrário, de um tipo especial de violência coletiva, concretizada no espaço urbano, que se aplica a um subconjunto limitado de categorias étnicas, na era moderna.

Ao mesmo tempo, em sua forma integral, o gueto é uma *constelação de dois lados*, na medida em que cumpre missões contrárias para as duas coletividades que une: serve como meio eficiente de subordinação ao lucro material e simbólico do grupo dominante; mas também oferece ao grupo subordinado o escudo protetor, baseado na construção de alternativas organizacionais e na autonomia cultural. A articulação do conceito de gueto permite desatar os nós entre guetoização, pobreza e segregação, além de elucidar a oposição estrutural e funcional entre guetos e grupos étnicos. Também torna possível esclarecer o papel do gueto como motor cultural para a produção de uma identidade marcada e ambivalente, além de mostrar que deve ser estudado por analogia com outras instituições de confinamento forçado de categorias despossuídas e estigmatizadas, como reservas indígenas, campos de refugiados e prisões[6].

Essa analogia é confirmada nos três capítulos seguintes, que exploram a mobilização do Estado penal em resposta à ascensão e expansão da nova marginalidade urbana. O capítulo 6 expõe e amplia as análises originalmente apresentadas em meu livro *As prisões da miséria*, de acordo com as quais o aumento generalizado das populações carcerárias das sociedades avançadas se deve ao uso crescente do sistema penal como instrumento de administração da insegurança social e de contenção dos deslocamentos, que as políticas de desregulamentação econômica e de retração do Estado de bem-estar social criaram na base da estrutura de classes. Retoma os passos da incubação dessa *penalidade neoliberal* nos Estados Unidos, *cujo emblema é a doutrina de "tolerância zero"*, propagada por todo o mundo pela ação de *think tanks*[*] políticos, funcionários do governo e acadêmicos. Ainda destaca que os países europeus não repetem cegamente a via norte-americana

---

relações raciais" de Robert E. Park (James B. McKee, *Sociology and the Race Problem: The Failure of a Perspective*, Urbana, University of Illinois Press, 1993, cap. 3). Amitai Etzioni mostrou há muito tempo (em seu artigo "The Ghetto: A Re-Evaluation", em *Social Forces*, v. 37, n. 3, mar. 1959, p. 255-62) que os dados apresentados pelo próprio Wirth no caso dos judeus de Chicago contradizem diretamente sua própria teoria. Que a trajetória da urbanização negra nunca teve paralelo com o modo incorporacionista das várias correntes de migrantes europeus em qualquer época nos Estados Unidos foi demonstrado por Joe W. Trotter, Earl Lewis e Tera W. Hunter (eds.), *The African American Urban Experience: Perspectives from the Colonial Period to the Present* (Nova York, Palgrave McMillan, 2004).

[6] Uma elaboração histórica e conceitual mais completa sobre a relação entre gueto e prisão encontra-se em meu livro *Deadly Symbiosis: Race and the Rise of Neoliberal Penality* (Cambridge, Polity Press, 2006).

[*] Grupo ou organização composto por especialistas em dado assunto, como comércio, tecnologia e ecologia, cujo objetivo é formular propostas para solucionar problemas e dar consultoria a universidades, corporações e forças armadas, entre outras instituições. (N. E.)

de aprisionamento em massa: a trajetória europeia em direção ao Estado penal se baseia na intensificação conjunta dos tratamentos social e penal da pobreza e na ativação das funções de polícia dos serviços de assistência social que levam a uma forma de *pan-optismo social*. Ainda assim, somente a construção de um Estado social que abranja toda a Europa poderá interromper a escalada da penalização da pobreza e suas consequências deletérias.

Essas consequências são observadas em tempo real do outro lado do Atlântico, em que a sociedade e o Estado norte-americanos enfrentam as ramificações kafkianas do recurso rotineiro ao aparelho carcerário para impor o trabalho assalariado dessocializado e conter o turbilhão gerado em sua esteira. O capítulo 7 mostra como as deficiências e as incompetências da assistência social, do auxílio à infância e dos serviços médicos nos Estados Unidos garantem que viciados das classes inferiores, doentes mentais e sem-teto acabem atrás das grades em número cada vez maior ao longo do tempo, na medida em que as prisões se transformam em aterro sanitário para dejetos humanos de uma sociedade cada vez mais diretamente subjugada pelos ditames materiais do mercado e da compulsão moral da responsabilidade pessoal. O destino desses grupos abandonados oferece uma trágica verificação experimental da hipótese de uma ligação causal entre o fenecimento do Estado social e a prosperidade do Estado penal.

O capítulo 8 traça igualmente as insuperáveis contradições da penalização da marginalidade urbana por parte do Estado. O escoadouro financeiro do encarceramento em massa, forma oblíqua de política antipobreza e controle social disfarçado, é exorbitante, dados o aumento e o envelhecimento inexoráveis da população aprisionada e o custo unitário astronômico da reclusão penal – o gasto anual de uma prisão californiana superou 21 mil dólares por prisioneiro em 1999, e a Califórnia confina atualmente quase 200 mil almas. Para limitar o crescimento desenfreado do custo carcerário, que coloca em risco a capacidade do governo de prover os bens públicos que o eleitorado de classe média considera essenciais, as autoridades adotaram quatro estratégias: reduzir o nível dos serviços nas instalações correcionais; usar novas tecnologias, para aumentar a produtividade no trabalho de custódia; desviar uma parte do custo de confinamento para o detento e sua família por meio de vários impostos e taxas; e reinstituir o trabalho assalariado sem qualificação nas prisões como forma de gerar a renda que ajudará a compensar os gastos correcionais. Contudo, nenhuma dessas estratégias é capaz de conter os custos crescentes do encarceramento feroz como política social punitiva, tampouco evitar o aumento da marginalidade que pretende reduzir. A penalização da pobreza urbana revela-se um exemplo didático de política pública iatrogênica[7].

---

[7] Isso foi demonstrado no caso norte-americano por Bruce Western, *Prison and American Inequality* (Nova York, Russell Sage Foundation, no prelo).

A conclusão do livro apresenta reflexões sobre o problema contemporâneo e a missão perene do pensamento crítico na era da agudização da desigualdade, em um contexto de mercado todo-poderoso. Sugiro que o pensamento é mais frutuoso quando estabelece um elo sinérgico entre a tradição kantiana da crítica epistemológica e a tradição marxista de crítica social para questionar os modos estabelecidos de pensamento e as formas conhecidas de vida organizacional, de modo que nos permita considerar um futuro diferente daquele que está inscrito na ordem atual das coisas. No novo milênio, o pensamento crítico é notavelmente forte e, ao mesmo tempo, incrivelmente fraco. Sua força deriva da expansão sem precedentes da nossa capacidade coletiva de estudar a sociedade e entender a história, como atesta o número cada vez maior de cientistas sociais, o nível geral crescente de educação e a ampla influência de Michel Foucault, Pierre Bourdieu e do feminismo em todas as disciplinas sociais e culturais. Não obstante, é fraco na medida em que permanece limitado à academia e se vê constantemente sob ataque do discurso neoliberal; também é minado pelo pensamento falsamente progressista que nos convida à submissão diante das forças dominantes do mercado, a pretexto de celebrar o "sujeito", a "identidade", a "diversidade" e a "globalização"[8]. Diante do recrudescimento da pobreza urbana e da ampliação da desigualdade, o pensamento crítico deve propor incansavelmente a questão dos custos e dos benefícios sociais totais gerados no longo prazo pelas políticas de desregulamentação econômica e de desmantelamento do Estado de bem-estar social[9] que são hoje apresentadas por toda parte como a estrada real para a prosperidade e a felicidade sob a égide do "governo mínimo" e da "responsabilidade individual".

O urbanólogo Peter Hall lembra, em *Cities of Tomorrow* [Cidades de amanhã], que a presença de categorias socialmente ameaçadoras, culturalmente estigmatizadas e economicamente marginais no coração da cidade não é uma novidade histórica de nossa era, mas uma invariante da urbanização ocidental moderna. Hall também observa que "o planejamento do século XX resultou de uma complexa reação emocional – parte piedade, parte terror, parte ódio – da classe média vitoriana à descoberta da *underclass* urbana"[10]. O mesmo vale para

---

[8] Ver Pierre Bourdieu e Loïc Wacquant, "On the Cunning of Imperialist Reason", em Loïc Wacquant (ed.), *Pierre Bourdieu and Democratic Politics: The Mystery of Ministry* (Cambridge, Polity Press, 2005), p. 178-98.

[9] Os vieses institucionais e intelectuais que levam a descontar os efeitos de longo prazo das reformas governamentais e a necessidade correlativa de afastar o horizonte temporal da análise política são discutidos por Paul Pierson, *Politics in Time: History, Institutions, and Social Analysis* (Princeton, Princeton University Press, 2004), cap. 3.

[10] Peter Hall, "The City of the Permanent Underclass: The Enduring Slum: Chicago; St. Louis; London, 1920-1987", em *Cities of Tomorrow: An Intellectual History of Urban Planning and Design in the Twentieth Century* (Oxford, Basil Blackwell, 1988), p. 362-400, citação da p. 364.

a política e o estudo urbanos atuais. Esperamos que os ensaios reunidos neste volume contribuam para ativar o pensamento crítico em sua missão histórica de dissolver a visão dóxica que apoia tal reação e ofereçam os instrumentos para desatar o nexo atormentado de classe, etnicidade e política de Estado que cria e confina, a um só tempo, os párias das metrópoles do século XXI.

Berkeley, dezembro de 2005

1

Para acabar com o mito das "*cités*-guetos"

as diferenças entre a França e os Estados Unidos

Desde o verão de 1990, e com frequência crescente ao longo dos últimos meses, os incidentes nas *cités*, bem como os projetos de lei relativos à cidade, incitam os responsáveis políticos de todas as tendências, a mídia e até mesmo alguns pesquisadores em ciências sociais a utilizar o termo "gueto" para designar os conjuntos habitacionais degradados das periferias urbanas e, por extensão e analogia, o espaço agora infame do "subúrbio". Por que essa súbita voga de evocar, a torto e a direito, ao menor confronto entre jovens e policiais ou rixa entre os habitantes deste ou daquele conjunto, Chicago e o Bronx, Harlem e o espectro da "síndrome norte-americana"[1]? A introdução da noção de gueto – só ou acompanhada da noção de *cité* para formar o neologismo jornalístico "*cité*-gueto" –, estranha ao vocabulário político e à tradição ideológica francesa, serve para esclarecer um fenômeno novo que teria escapado aos observadores mais atilados da cena urbana ou, ao contrário, ameaça confundir as pistas e as análises? E o que dá a essas comparações selvagens dos bairros operários franceses em declínio com a situação de exclusão racial secular dos negros dos Estados Unidos – que, como veremos, tem uma história e uma lógica institucional completamente diferentes – esse encanto midiático tão poderoso quanto repentino?

Ad scandala evitanda

É preciso lembrar, em primeiro lugar, que o termo gueto, surgido em Veneza em 1516 e derivado do italiano *giudeica* ou *gietto*, designa, em sua origem histó-

[1] Poder-se-ia oferecer aqui inúmeros casos. A intervenção de Alain Touraine no *Figaro* de 9 de outubro de 1990 basta para mostrar o teor. O sociólogo evoca a "síndrome norte-americana" e dá o alerta nesses termos: "Caminhamos para a segregação em sua forma

rica nas sociedades da Europa medieval, a reunião forçada de judeus em certos bairros, para proteger os cristãos, de acordo com a Igreja, da contaminação dos quais os judeus eram portadores (*ad scandala evitanda*). Progressivamente, à segregação espacial regulamentada de modo cada vez mais estrito ao longo dos séculos de XIII a XVI, fonte de superpopulação, promiscuidade e miséria, superpõe-se um emaranhado de medidas discriminatórias e vexatórias, seguidas de restrições econômicas, que incentivaram os habitantes a se prover de instituições específicas, instrumentos de ajuda mútua e fontes de solidariedade interna que funcionavam como proteção contra a alienação então inscrita na própria estrutura do espaço urbano. Assim, a *Judenstadt* de Praga, considerada o maior gueto da Europa no século XVIII, com cerca de dois mil habitantes apinhados em condições geralmente no limite da salubridade, abrigava ainda assim um denso tecido de empresas e associações, feiras, lugares de culto, guildas e até mesmo sua própria prefeitura, símbolo da relativa autonomia e da força comunitária de seus habitantes.

O gueto negro norte-americano, o único que veio à luz do outro lado do Atlântico – os brancos de diversas origens, inclusive judeus, conheceram apenas *bairros étnicos*, de recrutamento essencialmente voluntário e heterogêneo, e que, mesmo miseráveis, sempre permaneceram abertos para o exterior por meio de pequenos canais de comunicação com uma sociedade branca norte-americana compósita[2] –, representa a realização hiperbólica dessa lógica de dominação etnorracial imposta por um poder exterior. Nascido nas primeiras décadas do século passado sob o impulso das grandes migrações de negros dos estados do Sul, descendentes de escravos libertos, o gueto é uma forma urbana específica que conjuga os quatro componentes do racismo recentemente repertoriados por Michel Wieviorka – preconceito, violência, segregação e discriminação[3] – e os imbrica numa mecânica de exclusão total. Sob a pressão implacável da

---

mais dura, o gueto. [...] Dada a lógica geral de aumento da segregação, podemos esperar que nossas grandes cidades sigam o caminho de Chicago".

[2] Thomas Lee Philpott mostra que vários bairros brancos de Chicago no início do século passado eram enclaves poliétnicos que continham em média 22 nacionalidades diferentes, enquanto as zonas definidas como território específico de uma "etnia" (na verdade, uma nacionalidade) não reuniam mais do que uma minoria da população total daquela origem – por exemplo, a "Pequena Irlanda" contava com apenas um terço dos irlandeses e apenas 3% da população de ascendência irlandesa da cidade (ver Thomas Lee Philpott, *The Slum and the Ghetto: Neighborhood Deterioration and Middle-Class Reform. Chicago, 1880-1930* [Nova York, Oxford University Press, 1978], p. 139-42 e *passim*). O gueto negro, ao contrário, era e continua sendo exclusivamente negro e abrigava então mais de 90% do conjunto dos habitantes negros de Chicago. O caráter único do gueto negro é confirmado por Allan H. Spear, *Black Chicago: The Making of a Negro Ghetto, 1890-1920* (Chicago, The University of Chicago Press, 1968).

[3] Michel Wieviorka, *L'espace du racisme* (Paris, Seuil, 1991).

hostilidade branca, endossada, quando não ativada, pelo Estado e expressa pelo uso rotineiro da violência física direta lançada sob a forma de agitações raciais assassinas[4], constitui-se então nesse espaço oprimido e inferior uma verdadeira cidade negra dentro da cidade, com sua rede comercial, seus órgãos de imprensa, suas igrejas, suas sociedades de assistência mútua, seus locais de distração, sua vida política e cultural próprias. O que resume bem o título da obra clássica de St. Clair Drake e Horace Cayton: *Black Metropolis* [Metrópole negra][5]. Essa cidade negra, fincada como uma adaga em pleno coração da aglomeração de Chicago (bem como o Harlem, em Nova York, o distrito de Brewster, em Detroit, ou o bairro de Roxbury, em Boston), contém em seu seio a quase totalidade da vida da comunidade afro-americana e oferece uma rampa de ascensão para a burguesia negra que cresce em simbiose com o gueto. Políticos, pregadores, profissionais liberais e pequenos empresários negros encontram aí uma clientela eleitoral e econômica cativa que precisa tanto deles quanto eles dela[6].

Desse ponto de vista, as *cités* populares francesas nada têm em comum com os guetos: não são conjuntos institucionais topograficamente separados pelo efeito de uma restrição étnica ou racial imposta pela intermediação do Estado. Em nenhuma parte da França existe uma cidade árabe (ou polonesa, portuguesa etc.), dotada de uma divisão do trabalho ampliada, de uma economia específica e de uma diferenciação social avançada marcada pela presença da gama completa das classes. Mesmo a pequena concentração "asiática" do triângulo de Choisy, em Paris, não tem nada de uma Chinatown norte-americana, uma vez que se apoia em uma dissociação territorial nítida entre o lugar de residência e o local de comércio comunitário: seu lastro é estritamente de consumo e não étnico no sentido próprio do termo[7]. Mesmo o gueto norte-americano transformou-se

---

4 Sobre a onipresença da ameaça e da violência físicas contra os negros com o intuito de preservar a separação racial no espaço, principalmente durante as décadas de 1950 e 1960, ainda que consideradas relativamente calmas sob esse aspecto, ler Arnold Hirsch, "The Black Struggle for Integrated Housing in Chicago", em Melvin Holli e Peter d'A Jones (eds.), *Ethnic Chicago* (Grand Rapids, William B. Ferdman's Publishing, 1984), p. 380-411.

5 St. Clair Drake e Horace R. Cayton, *Black Metropolis: A Study of Negro Life in a Northern City* (Nova York, Harper and Row, 1962, v. 2). Sobre a formação institucional do gueto negro norte-americano, ver também August Meier e Elliott Rudwick, *From Plantation to Ghetto* (3. ed., Nova York, Hill and Wang, 1976), e os documentos reunidos por Gilbert Osofsky (ed.), *The Burden of Race in the United States: A Documentary History of Negro-White Realtions in America* (Nova York, Harper, 1967). Sobre a gênese do gueto de Chicago visto do ponto de vista dos emigrantes do Sul, ler a bela obra de James Grossman, *Land of Hope: Chicago, Black Southerners and the Great Migration* (Chicago, The University of Chicago Press, 1988).

6 Sobre esse ponto, ver Allan H. Spear, *Black Chicago*, cit., cap. 5, 6 e 10; e Robert Weaver, *The Negro Ghetto* (Nova York, Russell and Russell, 1948).

7 Anne Raulin, "Espace marchand et concentrations urbaines minoritaires: la petite Asie de Paris", *Cahiers internationaux de sociologie*, v. 85, jul.-dez. 1989, p. 225-42.

profundamente a partir da Segunda Guerra Mundial. Sob o efeito de forças econômicas e políticas convergentes admiravelmente analisadas no controvertido livro de William Julius Wilson, *The Declining Significance of Race* [A declinante significância da raça], ele viu partir a classe média negra e, com ela, as instituições e as atividades econômicas e sociais que lhe davam relativa autonomia e força comunitária[8]. O gueto perdeu igualmente sua função econômica de reservatório de mão de obra barata que atendia às necessidades da indústria durante os ciclos de crescimento, no apogeu do regime fordista do capitalismo norte-americano, ou seja, nos anos 1940-1965. Hoje é difícil atribuir a ele um papel de reprodução barata da força de trabalho superexplorada dos negros, conforme a tese dos economistas Fusfeld e Bates em *The Political Economy of the Ghetto* [A economia política do gueto][9], já que a maioria de seus habitantes atuais é rejeitada pelo mercado de trabalho assalariado durante uma boa parte de suas vidas. O gueto norte-americano da década de 1980 teria, por isso, semelhanças com as *cités* mal afamadas da periferia urbana francesa?

Desolação e segregação

Quando se percorre o South Bronx, em Nova York, North Philadelphia ou o bairro de Hough, em Cleveland, é difícil não se assustar com a paisagem quase lunar composta por quilômetros de ruas com edifícios abandonados, lojas saqueadas e fachadas calcinadas, terrenos baldios tomados por entulho e mato, ou juncados de lixo e vidro quebrado. Os próprios habitantes desses locais evocam a imagem de uma cidade bombardeada para descrever seu ambiente cotidiano. O último comerciante branco do bairro de Woodlawn, no South Side de Chicago, descreve a rua 63, uma das joias da cidade nos anos 1950, nos seguintes termos: "É uma tristeza. Lembra Berlim depois da guerra. A rua parece arrasada por bombardeios, abandonada. Três quartos dela estão vazios. É triste, mas parece que a única coisa que se desenvolve por aqui são os bares". De fato, o número de lojas e empresas do bairro passou de setecentos para menos de cem em trinta anos e o número de habitantes diminuiu em dois

---

8 William Julius Wilson, *The Declining Significance of Race: Blacks and Changing American Institutions* (2 ed., Chicago, The University of Chicago Press, 1980), cujas análises continuam em William Julius Wilson, *The Truly Disadvantaged: The Inner City, the Underclass and Public Policy* (Chicago, The University of Chicago Press, 1987). Sobre as causas políticas e econômicas da transformação recente do gueto, ver também Loïc Wacquant, "The Ghetto, The State, and the New Capitalist Economy", *Dissent*, 1989, p. 508-20; e, para um balanço ampliado das relações entre divisão racial e pobreza urbana, ver Fred R. Harris e Roger Wilkins (eds.), *Quiet Riots: Race and Poverty in the United States – The Kerner Report Twenty Years Later* (Nova York, Pantheon, 1989).

9 Daniel Fusfeld e Timothy Bates, *The Political Economy of the Ghetto* (Carbondale, Southern Illinois University Press, 1984).

terços no mesmo período[10]. Em certas áreas, mais da metade dos edifícios que foram destruídos ou condenados desde os distúrbios raciais de 1964-1968 caiu aos pedaços diante da indiferença generalizada. É verdade que os proprietários "ausentados" continuam ao longo dos anos a deduzir de seus impostos a depreciação desses edifícios abandonados e com frequência ainda encontram locatários entre as famílias pobres dispostas a tudo para evitar o abandono no inferno cotidiano das grandes torres do *public housing*. Uma pesquisa de 1980 em North Lawndale, uma área do gueto do West Side de Chicago que tem quase 50 mil residentes e perdeu 40% de suas habitações desde 1960, recenseou 8% de moradias em bom estado, 10% à beira do desmoronamento e 40% necessitando de reformas substanciais[11]. Nada disso é visto nas periferias francesas. Sem dúvida, existem ali muitas moradias bastante degradadas, em certas áreas no limite da habitabilidade, principalmente nos grandes conjuntos onde estão instalados os mais desvalidos, mas existem também edifícios bem concebidos e conservados, sem falar dos que, há anos, estão em reforma. Mas, acima de tudo, o enquadramento político e administrativo do projeto não permite uma política de abandono na escala das grandes cidades norte-americanas.

Contudo, o cotidiano francês preocupa-se com o "gueto" de Troyes: seis edifícios, 350 pessoas vivendo em meio à privação e à dependência (fenômeno que, diga-se de passagem, nada tem de novo nem de extremo se comparado com as favelas de Nanterre, Noisy ou Champigny de trinta anos atrás), uma ilha de miséria triste em pleno centro da cidade, simbolicamente encastrado entre a agência da ANPE* e um supermercado[12]. É esquecer que um gueto norte-americano é um enclave de desolação urbana e humana que pode superar em

---

[10] Para uma análise mais refinada, ver Loïc Wacquant, "Redrawing the Urban Color Line: The State and Fate of the Ghetto in Postfordist America", em Craig K. Calhoun (ed.), *Social Theory and the Politics of Identity* (Oxford, Basil Blackwell, 1994), p. 231-76.

[11] Esse bairro é descrito em detalhe no Chicago Tribune, *The American Millstone: An Examination of the Nation's Permanent Underclass* (Chicago, Contemporary Books, 1986).

* Agência Nacional para o Emprego. Foi criada em 1967 para regular o mercado de empregos. (N.T.)

[12] Essa reportagem de Gérard Desportes ("Troyes paie sa part de ghetto", *Libération*, 1-2/6/1991, p. 21-4) merece ser citada porque representa o caso-limite de um tipo de jornalismo a um só tempo alarmista, moralizador e desinformador, em que a categoria fantasmática do gueto, reforçada à larga por fotos miserabilistas e citações bem escolhidas por seu sabor local e sua capacidade de chocar, dá um enfoque aparentemente inédito a uma situação cujos equivalentes estruturais se encontram de fato ao longo de toda a história urbana contemporânea do país (por exemplo, a questão perene da "elevação" moral e material da classe operária posta na virada do século passado pela invenção do "trabalho social") e uma coloração falsamente populista a um discurso que, no caso em questão, é mais revelador da relação do jornalista com o meio popular que ele supostamente descreve do que do estado e da lógica de funcionamento deste último.

tamanho uma grande cidade de província. São necessários mais de 25 minutos de carro para cruzar o gueto de West Side, em Chicago, que sozinho tem cerca de 300 mil almas e onde todos os fenômenos de exclusão, refratados pelo prisma racial, são como que amplificados ao extremo. Pois o abandono no gueto norte-americano não decorre, como nas *cités* francesas, da simples carência acumulada de capital econômico, cultural e social. É a descendência de uma linhagem de escravidão, reconhecida pela *cor da pele,* seu operador original e principal[13]. O gueto é composto por 95% a 99% de negros. E suas fronteiras, embora movediças à medida que ele cresce, são claramente marcadas: o mais das vezes, passa-se bruscamente de um bairro exclusivamente branco para outro totalmente negro sem a menor gradação, com a exceção parcial dos bairros "hispânicos", que servem de zonas-tampão entre eles. Os raros bairros considerados "integrados" são em geral zonas de transição na iminência de serem novamente segregados ou pequenos bolsões em que a coabitação entre brancos e negros se torna tolerável pelo recrutamento social elitista. De fato, mesmo a (pequena) burguesia negra que conseguiu escapar dos centros decadentes das cidades se vê novamente contida, a contragosto, em bairros periféricos inteiramente negros. Hoje, Nova York, Los Angeles, Chicago, Detroit contam com uma maioria de "minorias" apinhadas em bairros negros, e continuam a perder habitantes brancos. O recenseamento de 1990 mostra que a segregação racial nas principais metrópoles norte-americanas não recuou um milímetro sequer desde os anos 1950: assim, em Chicago, mais de dois terços dos negros ainda moram em bairros 95% negros, e 99,5% das moradias sociais são implantadas em bairros negros pobres. De fato, a segregação dos negros é tão intensa e total, atingindo todas as dimensões possíveis da divisão espacial e dos contatos entre os grupos, que os demógrafos tiveram de forjar o termo "hipersegregação" para distingui-la da de outros grupos[14]. Mais uma vez, não há nada em comum com as *cités* populares da França, onde comumente convivem de vinte a trinta nacionalidades e onde, salvo raras exceções (que com frequência a mídia trata como típicas porque se prestam bem para impressionar a imaginação do grande público), a maioria dos habitantes são franceses brancos nativos: cerca de 70% em Quatre Mille de La Courneuve, 60% em Minguettes, 63% na *cité* Balzac de Vitry etc. Uma análise detalhada das 28 "ilhas sensíveis" da região de Île-de-France revela que a taxa de famílias de origem magrebina situa-se em média entre 10% e 20%,

---

[13] Sobre a especificidade da subordinação racial nos Estados Unidos: Robert Blauner, *Racial Oppression in America* (Nova York, Harper and Row, 1972), e David Roediger, *The Wages of Whiteness: Race and the Making of the American Working Class* (Nova York, Verso, 1991).

[14] Doug Massey e Nancy Denton, "Hypersegregation in U. S. Metropolitan Areas: Black and Hispanic Segregation among Five Dimensions", *Demography*, v. 26, n. 3, ago. 1989, p. 373-91.

com alguns picos de 30% ou 45% em alguns zonas como a de Petit Nanterre[15]. A presença de alguns bolsões de concentração estrangeira mascara o fato de que as populações recém-imigradas estão amplamente dispersas pelo território nacional. De maneira que é infinitamente mais fácil encontrar um "gueto de imigrantes" nas páginas de uma revista do que na realidade.

A violência no cotidiano

Mas, afinal, não se pode evocar Chicago quando se trata da delinquência, das drogas e da insegurança que parecem reinar hoje nas *cités* deserdadas do entorno urbano? Os habitantes destas – ou seus vizinhos assustados – não fazem eles mesmos referência à cidade de Al Capone em razão da criminalidade crescente que ali campeia[16]? Também nesse caso a comparação informada dos dados estatísticos põe as coisas no lugar. Em resumo: 850 homicídios voluntários (principalmente com revólveres) em Chicago somente no ano de 1990, cuja grande maioria atinge homens jovens negros; 19.600 revólveres confiscados pela polícia (que reconhece que isso é uma gota no oceano de armas de fogo que circulam na cidade), taxas de violências fatais que atingem até 1% da população em certos bairros, onde 5% da juventude passa diante de um tribunal no período de um ano. Em muitos dos grandes conjuntos habitacionais, as crianças aprendem com quatro ou cinco anos a se jogar ao solo quando ouvem tiros, o que ocorre diariamente. Um número significativo de adolescentes desses bairros interrompe os estudos porque ir a certos colégios equivale literalmente a arriscar a vida. Em Chicago, Nova York ou Detroit, as escolas públicas são equipadas com detectores de metal para limitar o número de armas em circulação no interior dos estabelecimentos, e as pessoas são revistadas quando passam de um edifício para outro. Uma pesquisa recente nas 31 escolas públicas de Illinois revelou que quase um terço dos alunos leva uma arma (5% dos quais uma arma de fogo) com o objetivo de garantir sua própria segurança. A repercussão midiática dada ao recente assassinato de dois estudantes (de 16 e 17 anos), mortos a tiros por um colega de classe (de 15 anos) no colégio Jefferson do Brooklyn, quando da visita do prefeito de Nova York, não pode esconder o fato de que esse incidente é apenas a ponta visível de um vasto continente de violências cotidianas que transformam o gueto em virtual "zona de guerra", como costumam dizer seus habitantes[17].

---

15 Nicole Tabard e Lisa Aldeghi, *Développement social des quartiers: les sites concernés et leurs caractéristiques socio-économiques* (Paris, Credoc, 1988).

16 Por exemplo, Jean-François Laé e Numa Murard, *L'argent des pauvres: La vie quotidienne en cité de transit* (Paris, Seuil, 1985), p. 7. Poderíamos citar muitas outras *cités* apelidadas de "Chicago" ou "Bronx" por seus habitantes.

17 Conferir "Deadly Lessons: Kids and Guns – A Report from America's Classroom Killing Grounds", *Newsweek*, 9/3/1992.

De fato, um recente estudo epidemiológico publicado no *New England Journal of Medicine* mostra que o homicídio voluntário é a primeira causa de "sobre-mortalidade" masculina no gueto: os negros jovens do Harlem têm hoje mais chance de morrer por morte violenta no coração de Nova York do que tinham ao partir para o front durante a guerra do Vietnã[18]. Essa insegurança aguda e endêmica está em essência ligada às lutas internas entre gangues (que não têm absolutamente nada em comum com os bandos das periferias parisienses, apesar dos esforços destes últimos para copiá-los) e à explosão da economia ilegal associada em especial ao tráfico de drogas num contexto de desemprego permanente[19]. Em East Harlem, West Baltimore ou South Central Los Angeles, o comércio de cocaína (principalmente na forma de "pedras de crack", revendidas por menos de vinte dólares, o que as coloca ao alcance de todos os bolsos) e outros entorpecentes (*angel dust*, karachi, maconha, anfetaminas etc.) tornou-se o primeiro e praticamente o único empregador regular de jovens negros, bem como a principal causa das taxas astronômicas de encarceramento: há hoje mais jovens negros de 19 a 25 anos nas prisões ou sob tutela judicial do que em cursos universitários com quatro anos de duração[20]. Os apelidos que os habitantes dos bairros negros degradados que desfiguram o coração de Chicago como uma lepra dão a suas "*cités*" demonstram melhor que qualquer estatística o grau de periculosidade do gueto norte-americano na era da desindustrialização e do recuo do Estado: entre outros, *Wild West* [Faroeste], *Murdertown* [Assassinópolis], *The Killing Fields* [Campos de morte], *The Graveyard* [O cemitério].

Espaço etnicamente uniforme e estigmatizado como tal, o gueto norte-americano torna-se, além disso, cada vez mais homogêneo socialmente. Após as agitações da década de 1960, ele se transformou em território-vazadouro, onde são irremediavelmente rejeitados os membros mais necessitados da comunidade

---

[18] Segundo outro estudo publicado no mesmo jornal (C. McCord e H.P. Freeman, "Excess Mortality in Harlem", *New England Journal of Medicine*, n. 322, 1990, p. 173), a esperança de vida depois dos 35 anos dos jovens negros do Harlem é inferior à dos homens de Bangladesh.

[19] O trabalho mais rigoroso sobre as gangues norte-americanas disponível até hoje é a pesquisa de campo de Martín Sánchez-Jankowski, *Islands in the Street: Gangs and American Urban Society* (Berkeley, University of California Press, 1991). Para um relato etnográfico sobre o funcionamento da economia do crack no East Harlem, em Nova York, ver Philippe Bourgois, "Une nuit dans une 'shooting gallery': enquête sur le commerce de la drogue à East Harlem", *Actes de la recherche en sciences sociales*, n. 94, set. 1992, p. 59-78, e Terry Williams, *Cocaine Kids: the Inside Story of a Teenage Drug Ring* (Paris, Flammarion, 1990).

[20] Clyde W. Franklin passa em revista os fatores de morbidez e marginalidade que pesam sobre os jovens negros do gueto e suas causas políticas em "Surviving the Institutional Decimation of Black Males: Causes, Consequences, and Interventions", em Harry Brod (ed.), *The Making of Masculinities* (Winchester, Allen and Unwin, 1987), p. 155-69; ver também o número especial de *Youth and Society* sobre "La jeunesse noire, une génération en voie de disparition?", v. 22, n. 1, set. 1990.

afro-americana, aqueles cujo nível de recursos materiais e sociais é baixo demais para lhes permitir escapar. Assim, quase a metade das famílias do centro da Chicago negra, por exemplo, só (sobre)vivem graças à assistência social, ao roubo e ao trabalho irregular, já que três adultos em cada quatro estão desempregados. Seis famílias em cada dez não contam oficialmente com um pai e recebem assistência alimentar sob forma de vales ou refeições gratuitas fornecidas pelo Exército da Salvação ou por alguma igreja do bairro[21]. No total, um terço do 1,2 milhão de negros da cidade vivem abaixo do patamar federal de pobreza (que é muito baixo). Exclusão nessa escala é desconhecida na França ou em outros países avançados da Europa continental. Os bairros de subúrbio formados por conjuntos habitacionais e outras *cités* decadentes reúnem populações amplamente desfavorecidas, mas que, em seu conjunto, ainda se mantêm relativamente heterogêneas[22]. Aliás, vários indícios levam a pensar que essa mesma heterogeneidade constitui um dos principais fatores explicativos das tensões sociais e dos incidentes que ocorrem ali, uma vez que ela põe em contato e em competição populações que apresentam grandes diferenças, não tanto do ponto de vista "étnico" ou cultural, mas no plano de sua trajetória social (descendente ou ascendente, em movimento ou bloqueada), de seu modo de apropriação do espaço e dos recursos coletivos (muito frequentemente elas próprias declinantes no que se refere às necessidades coletivas) e de sua capacidade de mobilização[23].

O papel do Estado

O fosso entre a *cité* popular francesa e o gueto negro norte-americano se aprofunda um pouco mais quando se leva em conta a atitude do Estado e de seus serviços. Já se observou que, perfeitamente legal e até mesmo energicamente incentivada pelo Estado federal e seus agentes locais e municipais até depois da Segunda Guerra Mundial (os auxílios públicos para habitação deviam respeitar então a sacrossanta "integridade da comunidade", que proibia a construção de

---

21 Dados mais refinados são fornecidos por Loïc Wacquant e William Julius Wilson, "The Cost of Racial and Class Exclusion in the Inner City", *Annals of the American Academy of Political and Social Science*, n. 501, jan. 1989, p. 8-25.

22 Ao dar uma imagem falsamente monolítica do tecido social dos conjuntos urbanos periféricos, e ao insistir mais do que o necessário na presença de imigrantes e delinquentes (e na sua interseção, delinquentes imigrantes), as mídias têm uma grande responsabilidade na exacerbação da espiral da estigmatização que tende a fazer de todo bairro periférico um "gueto" simbólico. Daí a irritação, ou mesmo a clara hostilidade, dos habitantes das *cités* com relação ao tratamento que recebem das mídias, e da qual frequentemente se queixam os raros jornalistas (e, cada vez mais, os pesquisadores mais interessados pela problemática da mídia) que vão "a campo".

23 Michel Pinçon, "Habitat et modes de vie: la cohabitation des groupes sociaux dans un ensemble HLM", *Revue française de sociologie*, n. 22, 1981, p. 523-47.

habitações que pudessem induzir à mistura entre negros e brancos), a segregação quase completa da habitação e das escolas dos negros norte-americanos se manteve, ou até se agravou, desde então pela inação do poder público. Assim, por exemplo, a lei de 1968 que proibia a discriminação na moradia, chamada *Fair Housing Act*, nunca foi regulamentada e não estipula nenhuma sanção contra quem a desobedece[24]. A isso se acrescenta a política deliberada de *retirada da cidade* posta em prática por Washington há uma década e meia e que pune prioritariamente os negros pobres que ali se concentram. Assim, entre 1980 e 1988, o governo Reagan reduziu em 68% os subsídios ao desenvolvimento urbano e em 70% os fundos destinados à habitação social. Retirada brutal também no plano social: o valor real da ajuda social de base (auxílio a mães solteiras com filhos pequenos e vales de alimentação) caiu pela metade entre 1975 e 1985. Ao mesmo tempo, a cobertura do auxílio-desemprego, limitada a 40% do último salário durante 26 semanas na melhor das hipóteses, caiu de 50% para menos de 25% dos desempregados. E, para fincar ainda mais o cravo da miséria, uma política fiscal local eminentemente regressiva: no estado de Illinois, 20% das famílias mais pobres gastam mais de um décimo de suas magras rendas em impostos locais, ou seja, duas vezes mais que o 1% das famílias mais ricas[25]. Em Chicago, o ensino público, em perpétuo estado de crise orçamentária, posto que suas finanças são alimentadas pelos impostos locais sobre habitação, constitui um sistema educativo à parte, reservado *de facto* aos negros, aos latinos e aos pobres: 87% dos estudantes vêm de famílias afro-americanas ou hispânicas e 70% vêm de famílias que vivem abaixo do patamar federal de pobreza. Somente um em cada catorze alunos do primeiro colegial se forma com um nível igual ou superior à média nacional. O sistema público de saúde da cidade é, conforme confessou seu diretor, "um não sistema que está à beira do colapso"[26]. Nos bairros do gueto onde, fato estarrecedor, a mortalidade infantil *aumentou regularmente* desde meados dos anos 1970 e, em alguns locais, superou a taxa de trinta por mil (mais de três vezes a média dos brancos de Illinois), há falta de enfermeiros, de vacinas tão elementares como contra pólio ou tétano, de testes de detecção de hipertensão ou diabetes. Um grande número de mães (que são, muito frequentemente, adolescentes) dá à luz sem nenhum acompanhamento médico durante a gravidez.

---

[24] Sobre esse problema, consultar os trabalhos do cientista político Gary Orfield, por exemplo, "Race and the Liberal Agenda: The Loss of the Integrationist Dream, 1965-1974", em Margaret Weir, Ann Shola Orloff e Theda Skocpol (eds.), *The Politics of Social Provision in the United States* (Princeton, Princeton University Press, 1988).

[25] Loïc Wacquant, "Redrawing the Urban Color Line", cit.

[26] Declaração do diretor municipal de saúde pública, relatado pelo *Chicago Tribune*, 16/1/1990, p. 1, 6.

Por mais que se diga, dificilmente se pode acusar o Estado francês de ter se desinteressado do destino dos bairros populares em dificuldades nos dez últimos anos. Do relatório Dubedout "Viver melhor na cidade", de 1982, até o programa de Desenvolvimento Social dos Bairros, que atingiu inicialmente 23 sítios experimentais, em seguida 148 localidades e por fim 400 bairros considerados "sensíveis" em todo o território nacional, os poderes públicos não viraram as costas para os problemas urbanos, ainda que tenham amplamente subestimado a extensão e as causas estruturais[27]. Ainda que, como consequência da grande virada na política de auxílio-moradia recomendada pela Comissão Barre em meados dos anos 1970[28], a moradia social não tenha recebido as dotações orçamentárias e o apoio político necessários para interromper seu declínio programado, mesmo assim uma família em cada cinco na França reside em uma habitação subvencionada pelo Estado, ao passo que a parte da moradia subvencionada nos Estados Unidos (fora o incentivo fiscal ao acesso à propriedade, verdadeiro programa de "auxílio social" às classes médias e superiores) não atinge 2% e continua em constante regressão. Além de representar um local odiado e evitado com toda força do desespero, o campo social norte-americano está tão malconservado e num estado tal de descalabro que o número de desabrigados aumenta constantemente, em razão sobretudo do colapso generalizado dos serviços públicos que atendem os bairros negros do centro das grandes cidades[29]. A política de abandono planejado – conhecida pelos urbanistas como *planned shrinkage* – das zonas deserdadas das metrópoles norte-americanas emerge assim como uma das principais causas da degradação contínua do gueto negro. O dispositivo do programa de Desenvolvimento Social de Bairros, a que se junta a instituição da Renda Mínima de Inserção, para não mencionar a bateria de programas de apoio ao emprego (principalmente ao emprego dos jovens), pode e deve ser considerado insuficiente, inadequado, ineficaz – e por muitas razões, em particular no plano do acesso ao ensino de longa duração e ao trabalho assalariado. No entanto, ele tem o mérito de existir e de testemunhar uma vontade política de buscar, ainda que tateando, soluções coletivas, atitude diametralmente oposta à do Estado federal norte-americano.

---

[27] Para um breve histórico administrativo e um primeiro balanço dos resultados desse programa, ver Noëlle Lenoir, Claire Guignard-Hamon e Nicole Smadja, *Bilan/Perspectives des contrats de plan de développement social des quartiers* (Paris, Commissariat général du plan/La documentation française, 1989).

[28] Sobre as profundas consequências sociais dessa mudança de política de Estado, ver o número de *Actes de la recherche en sciences sociales* dedicado à questão da economia doméstica (n. 86-87, mar. 1991).

[29] Para o caso de Nova York, Roderick Wallace, "'Homelessness', Contagious Destruction of Housing, and Municipal Service Cuts in New York City", *Environment and Planning*, n. 21, 1989, p. 1585-603.

Portanto, por sua história, sua escala, sua estrutura e seu funcionamento, o gueto negro norte-americano não tem muita coisa em comum com as quatrocentas "ilhas sensíveis" às quais o Estado-Providência francês procura ajudar, com toda a lentidão e todos os erros administrativos conhecidos. Existem, é evidente, fatores aparentes de convergência entre os dois países. Despopulação, concentração de populações etnicamente marcadas ou imigrantes, fracasso escolar e desemprego acentuado em particular entre os jovens, relegação aos setores mais baixos e mais instáveis do mercado de trabalho e do sistema de formação, crescimento do número de famílias monoparentais, distorção da estrutura demográfica, estigmatização residencial, abandono e delinquência: todos esses fenômenos tendem, de um lado e de outro do Atlântico (ou do Canal da Mancha), a se acumular nas mesmas áreas que já sofrem de "concretite" aguda e de uma depredação acelerada tanto dos edifícios como do tecido comercial. Mas terminam aí os pontos comuns. A intensidade e extensão da exclusão urbana, seu caráter racial, seu lastro histórico secular e, acima de tudo, uma lógica institucional, assim como uma ideologia e políticas profundamente divergentes, impedem a assimilação precipitada das *cités* francesas de habitação social a suas primas norte-americanas[30].

Abusos da mídia e lucros políticos

Em que pese os amantes do psicodrama coletivo, Veulx-en-Velin, Chanteloup-les-Vignes, Mantes-la-Jolie e La Courneuve não são guetos no sentido que toma o termo em referência à experiência da diáspora judaica europeia ou dos negros norte-americanos. *Blacks* [negros], *beurs* [árabes] e brancos, oriundos do meio popular, sofrem todos com o desemprego, o fracasso escolar (tanto mais doloroso por ter se tornado o segundo grau a via obrigatória para um salário estável), a dificuldade de estabelecer um caminho e uma identidade nessa fase de crise profunda da classe operária, cujo modo tradicional de reprodução centrado no local de trabalho se viu bruscamente lançado no refugo da história, minado por dentro e por fora pelas transformações econômicas (mercado de trabalho), culturais (escola, relação entre as gerações e entre os sexos), sociais (sindicalismo, demografia, habitação) e políticas (esgotamento dos movimentos sociais e esmagamento de qualquer visão política alternativa) dos últimos vinte anos. Porque a violência coletiva, a partir do momento em que se transmuda em problema

---

[30] Para uma análise mais aprofundada dessas diferenças, ver Loïc Wacquant, "Banlieues françaises et ghetto noir américain: de l'amalgame à la comparaison", *French Politics and Society*, v. 10, n. 4, 1992, p. 81-103, e "The Comparative Structure and Experience of Urban Exclusion: 'Race', Class, and Space in Paris and Chicago", em Katherine McFate, Roger Lawson e William Julius Wilson (eds.), *Poverty, Inequality, and Future of Social Policy: Western States in the New World Order* (Nova York, Russell Sage Foundation, 1995), p. 543-70.

especificamente político pela intervenção das mídias, é o único meio de se fazer ouvir numa democracia paralisada pela esclerose ideológica e patrimonialista dos aparelhos e pela cegueira de uma classe política cada vez mais afastada da realidade do país a que ela finge servir servindo a si mesma, não resta aos jovens das cidades em decadência senão tomar a rua e gritar sua raiva. É o que eles fazem, com conhecimento de causa até aqui, a julgar pelas medidas modestas, mas pontualmente significativas, tomadas pelo governo depois de cada incidente amplificado pela imprensa e pela televisão[31]. Sua revolta não é aquela, desesperada e negativa, de uma população guetoizada por fantasmas ou interesse racial que busca se fechar em instituições comunitárias que não existem (senão em estado embrionário, em que todos estão longe de se reconhecer), mas a *reivindicação protopolítica de dignidade* de uma juventude operária autóctone e originária das antigas colônias, cansada das falsas promessas de uma ordem social cada vez mais desigual que, em nome de slogans democráticos ou mesmo vagamente socialistas, sacrifica-a aos imperativos da "modernização" (outro mito político que seria preciso desconstruir), da produtividade e da autoperpetuação política, excluindo-a de fato do ideal que ela a obriga a adotar.

Não é do gueto, portanto, que se deve falar, mas (nessa ordem) do acesso ao trabalho, à escola, à habitação, ou seja, aos meios de uma cidadania efetiva. Do aumento das desigualdades de todas as ordens diante das quais os tecnocratas, tanto de esquerda como de direita, escondem pudicamente o rosto, implorando à nova geração de abandonados da reestruturação do capitalismo francês que esperem até o próximo período de crescimento para iniciar uma justa redistribuição da riqueza e das chances de vida eternamente sacrificadas no altar do "rigor". Afirmar que as *cités* decadentes da periferia urbana não são guetos não significa de forma alguma dizer que tudo vai bem no melhor dos mundos no mundo *das* periferias (no plural, porque sua característica principal é a heterogeneidade), longe disso. Acreditar nisso seria repudiar um raciocínio de tipo mitológico para mergulhar de cabeça em outro. Trata-se apenas de conduzir o debate intelectual e político para o terreno onde ele se situa na realidade: o da *dualização* da sociedade francesa provocada pela decomposição da classe operária, pelo trabalho de sapa do desemprego de longo prazo e pelo fosso econômico e social que se abre um pouco mais a cada dia entre os que dispõem de um emprego estável e de um capital cultural certificado ou certificável no mercado escolar, e os que,

---

[31] Como prova, a liberação de créditos e a instalação às pressas de equipamentos esportivos na primavera de 1991, quando se previa um "verão quente" que não se confirmou. Da mesma forma, se os jovens "harkis" de Narbonne e de outros lugares se lançaram em operações de força nas vésperas do verão de 1991, não foi porque sua condição tenha se deteriorado de repente, mas antes porque era um período de mudança, em que eles sabiam que poderiam atrair a atenção das mídias e, em consequência, atingir os políticos.

relegados à margem da escola, do mercado de trabalho e, por consequência, do sistema habitacional, se veem pegos na armadilha da *galère**[32] e condenados de antemão a uma espécie de morte social em fogo brando, privados dos meios de se expressar publicamente senão pela infração da lei e da norma, a única capaz de atrair a atenção e ação dos poderes estabelecidos.

Então, qual a razão desse sucesso inseparavelmente político e midiático sem precedentes do termo gueto no debate público recente sobre a cidade? Além do esquecimento da história e da ignorância dos resultados da pesquisa urbana dos últimos anos[33], a resposta sem dúvida deve ser buscada nos lucros específicos que uns e outros tiram desse abuso de linguagem. Para os jornalistas da imprensa escrita, e ainda mais da televisão, sempre ávidos de assuntos "espetaculares" que vendam jornais e conquistem pontos de audiência, o mito das "*cités*-guetos" oferece um assunto de alto rendimento: alimenta um sensacionalismo barato, aliciador, ou mesmo *voyeur*, muito eficaz[34]. Permite, a baixo custo – uma ida à periferia parisiense, uma discussão na porta de um bar com um punhado de jovens, uma breve entrevista telefônica com um assistente social –, encontrar,

---

* O termo, de uso corrente nas periferias francesas, se refere a jovens, desempregados e vivendo em condições precárias, que participam de grupos de rua, que criam uma subcultura urbana, com gíria e valores próprios, e que adotam uma atitude de rebeldia, às vezes violenta, em relação às autoridades e os costumes da França. (N. E.)

32 Ver as análises desse fenômeno em Francois Dubet, *La galère: jeunes en survie* (Paris, Fayard, 1987).

33 Não deixa de nos espantar o desconhecimento total por parte dos poderes públicos dos inúmeros trabalhos existentes em sociologia urbana, ainda que financiados pelo próprio Estado (um exemplo entre muitos: os estudos detalhados sobre a segregação urbana realizados ao longo de uma década pela equipe de Edmond Préteceille e Monique e Michel Pinçon pelo Centro de Sociologia Urbana do CNRS), mas também a falta de profundidade histórica do debate público atual. Com efeito, as tensões entre grupos etnicizados ou racificados nos bairros operários não são um fato novo da história da França. Noiriel lembra que muitas reações e discursos xenófobos que parecem típicos dos anos 1980 são encontrados, às vezes palavra por palavra, nas duas outras grandes "crises" da imigração, que também foram crises econômicas, as das décadas de 1880 e de 1930 (Gérard Noiriel, *Le creuset français: histoire de l'immigration, XIXe-XXe siècles* [Paris, Seuil, 1988], cap. 5).

34 Sobre a ação dos "intelectuais burocráticos" e a lógica específica do campo da produção jornalística na gênese e na construção sociais dos "problemas de sociedade", tal como a pobreza ou a "crise das periferias", ver Patrick Champagne, "La construction de la marginalité urbaine dans les média français: les 'émeutes' de Vaulx-en-Velin", comunicação durante o colóquio Pauvreté, immigrations et marginalités urbaines, Maison des Sciences de l'Homme, Paris, 10-11/3/1991. Para uma excelente análise da cobertura das gangues nas grandes cidades norte-americanas feita pelas mídias, ler Martín Sánchez-Jankowski, *Islands in the Street*, cit., cap. 9; no caso francês, consultar o estudo de Christian Bachmann e Luc Basier, *Mise en images d'une banlieue ordinaire: stigmatisations urbaines et stratégies de communication* (Paris, Syros, 1989), que trata da produção midiática da imagem pública da *cité* de Quatre Mille, em La Courneuve.

se necessário inventando do princípio ao fim, assuntos que dão todas as garantias aparentes de uma grande distância do cotidiano da maioria dos leitores e espectadores. Repintado com as cores do "gueto", o mundo antes moroso, banal, cinzento, das periferias torna-se de repente excitante, colorido, numa palavra, *exótico*. Assim, os grandes conjuntos populares, que antes não interessavam praticamente a ninguém, transformam-se em uma espécie de novo mistério interior, o antro ou a selva do bárbaro urbano que ameaça se erguer a dois passos dos pavilhões pequeno-burgueses que se alinham à volta deles.

Para os dirigentes políticos, o tema do gueto vem a calhar para compor um discurso que não dá em nada porque é oco e porque oculta atrás de uma retórica seja alarmista (da direita), seja voluntarista (da esquerda) a incapacidade de se livrar das justificativas tecnicistas e burocráticas que os protegem da realidade. Inimigos cúmplices, políticos conservadores e progressistas se submetem nessa matéria ao mesmo imperativo estrutural de serem vistos, lidos e sabidos sempre em ação. A periferia oferece um cômodo trampolim temático e midiático de onde podem lançar declarações altissonantes ("Não vamos tolerar um Bronx na França", diz sem maiores explicações o ministro do Interior) que, geralmente, nada mais fazem que revelar seu total desconhecimento do tema. O termo gueto, com sua conotação racial que remete a populações fenotipicamente distintas, permite a uns e outros realizar uma combinação atraente entre "periferia" e "imigração"[35], outro assunto mediaticamente quente do momento. E, portanto, posicionar-se no espaço das lutas internas do partido ou do campo político em seu conjunto.

Apoio de um raciocínio de caráter quase mágico, o recurso curinga e fácil ao gueto evita uma verdadeira análise, sociológica e política, das causas da degradação dos grandes conjuntos dos bairros populares e da crescente exclusão dos jovens – e dos menos jovens – de uma classe operária abandonada por todos a sua lenta agonia.

---

[35] Assim, a cobertura sensacionalista de *L'Express* (semana de 5 a 12 de junho de 1991), intitulada "Banlieue, immigration, l'état d'urgence" [Subúrbio, imigração, estado de emergência], em que a ignorância sociológica dos dois fenômenos, de suas ligações, que estão longe de ser tão estreitas e automáticas como leva a pensar o título, rivaliza com a irresponsabilidade cívica na corrida desenfreada pelas vendas e assinaturas.

2

Descivilização e demonização

a reforma social e simbólica do gueto negro norte-americano

Para abordar a controvertida realidade no que se transformou o gueto negro norte-americano um quarto de século após a onda de distúrbios raciais descritos no famoso relatório da Comissão Kerner de 1968[1], gostaria de enfatizar dois processos interligados, um material e relacional e outro simbólico ou discursivo, pelos quais se operou uma mutação urbana e racial específica do *fin de siècle* norte-americano.

O primeiro processo é o que chamo, segundo Norbert Elias, de *descivilização* do núcleo segregado das grandes cidades norte-americanas, esses verdadeiros bantustões que são os guetos dos velhos centros do cinturão industrial, como Nova York, Chicago, Detroit, Filadélfia, Pittsburgh, Baltimore e Cleveland, em função do recuo do Estado em seus vários componentes e a consequente desintegração do espaço público.

O segundo processo, intimamente ligado ao primeiro por uma complexa relação funcional, é a *demonização* do subproletariado urbano negro no debate público, ou seja, a extraordinária proliferação de discursos sobre o que passou a ser chamado de *underclass* há pouco mais de uma década na costa ocidental do Atlântico – um termo que é melhor não traduzir, pois aponta para uma suposta localização no espaço social norte-americano e carrega um halo semântico específico. Veremos ainda que o tropo semijornalístico e semierudito que deu "à luz" esse grupo fictício, quando renovou ao gosto contemporâneo antigos preconceitos relativos a supostas peculiaridades culturais da comunidade negra,

---

[1] O produto desse trabalho notável foi publicado novamente vinte anos depois sob o título *The Kerner Report: The 1968 Report of the National Advisory Commission on Civil Disorders* (Nova York, Pantheon, 1989).

tende efetivamente a gerar uma verdadeira "escravização simbólica" dos residentes do gueto[2]. Esse confinamento simbólico serve, por sua vez, para justificar a política de abandono desse segmento da sociedade por parte das autoridades públicas, política à qual a teoria da *underclass* deve sua considerável e crescente plausibilidade social.

Como minha análise focaliza um aspecto da sociedade norte-americana que não é muito conhecido – nem mesmo pela ciência social autóctone, devido especialmente ao senso comum, costumeiro e acadêmico, que tende a mascará-lo –, é possível que seja erroneamente entendida como uma polêmica contra os Estados Unidos e rotulada de antiamericana. Para mostrar que não se trata disso, basta dizer que se poderia fazer uma análise do mesmo tipo, *mutatis mutandis*, da situação das áreas operárias decadentes da periferia das grandes cidades da França, e da recente explosão de discursos apocalípticos na mídia e no campo político sobre as *cités*-guetos, um tema que constitui sob muitos aspectos uma espécie de equivalente estrutural francês do debate norte-americano sobre a *underclass*[3].

A descivilização do gueto

Em sua obra-prima *Über den Prozess der Zivilisation*, Norbert Elias descreve o que chama de "processo civilizador"[4]. Com esse termo, o sociólogo alemão designa não uma ideia vitoriana sobre o progresso moral ou cultural, cujo guardião e propagador seria o Ocidente, mas a longa transformação das relações interpessoais, dos gostos, dos modos de comportamento e do conhecimento que acompanha a formação de um Estado unificado, capaz de monopolizar a violência física na totalidade de seu território e, assim, progressivamente pacificar a sociedade.

Em nome da clareza, esse processo pode ser analiticamente decomposto em quatro níveis. O primeiro é uma modificação estrutural das relações sociais, da forma e da densidade das "figurações" sociais, que se manifesta tanto no aumento da divisão do trabalho quanto no prolongamento e multiplicação das redes de interdependência e interação entre indivíduos e grupos. Em segundo lugar, o processo civilizador distingue-se, para Elias, por uma série de mudanças associadas a modos e estilos de vida: a repressão e a privatização de funções corporais; a institucionalização e a difusão de formas de cortesia; e o aumen-

---

[2] Sobre esse processo cultural, ver Steve C. Dubin, "Symbolic Slavery: Black Representations in Popular Culture", *Social Problems*, v. 34, n. 2, abr. 1987, p. 122-40. A noção de *underclass* tende assim a cumprir um papel semelhante ao atribuído em tempos passados ao ícone da ideologia racial norte-americana, o personagem Sambo (cf. Joseph Boskin, *Sambo: The Rise and Demise of An American Jester* [Nova York, Oxford University Press, 1986]).

[3] Para uma análise e crítica comparativa preliminar, ver o capítulo 1 deste livro.

[4] Norbert Elias, *O processo civilizador* (São Paulo, Jorge Zahar, 1994, 2 v.).

to da identificação mútua que leva a um declínio da violência interpessoal. Uma terceira família de transformações trata da estrutura do *habitus*, isto é, os esquemas socialmente constituídos que geram o comportamento individual: nesse nível, nota-se um aumento da pressão no sentido da racionalização da conduta (particularmente pela elevação do patamar de vergonha e constrangimento), bem como do distanciamento sociocultural entre pais e filhos; com a domesticação da agressão, o autocontrole torna-se mais automático, uniforme e contínuo, além de governado mais pela censura interna do que pelas restrições externas. A quarta e última transformação atinge os modos de conhecimento, cujo conteúdo fantasmático regride à medida que se afirmam os princípios da neutralidade cognitiva e da congruência com a realidade. A originalidade da análise de Elias não está apenas em associar essas várias mudanças entre si, mas está, acima de tudo, em mostrar que são intimamente vinculadas ao controle crescente do Estado sobre a sociedade.

A evolução do gueto negro norte-americano a partir da década de 1960 pode ser interpretada, seguindo o esquema acima, em parte como produto de uma *reversão* dessas tendências, ou seja, como um processo *des*civilizador[5], cuja causa principal não deve ser buscada nem no aumento de valores desviantes descontrolados (como quer a tese da "cultura da pobreza", uma antiga *peau d'âne** teórica, exumada periodicamente do cemitério dos conceitos natimortos), nem na excessiva generosidade do que um analista denominou corretamente de "Estado de semibem-estar social norte-americano" (como querem os ideólogos conservadores Charles Murray e Lawrence Mead), nem na simples transição mecânica de uma economia industrial compacta para uma economia de serviços descentralizada (como alegam os partidários da chamada hipótese do "desajuste", como William Julius Wilson e John Kasarda)[6], mas no recuo multifacetado, em todos os níveis (federal, estadual e municipal) do Estado norte-americano e no

---

[5] O sociólogo britânico Stephen Mennell discute quatro casos possíveis de descivilização (o início da "sociedade permissiva" na década de 1950, o recente aumento da violência nos Estados Unidos, o Holocausto e o colapso dos grandes impérios), mas nenhum deles concorda plenamente com sua proposta de definição do processo. A trajetória do gueto negro norte-americano, por outro lado, chega bem próximo dela. (Cf. Stephen Mennell, "Decivilising Processes: Theoretical Significance and Some Lines of Research", *International Sociology*, v. 5, n. 2, 1990, p. 205-23.)

* Em francês no original. Refere-se a uma estratégia para ocultar o verdadeiro sentido de um fenômeno ou objeto. (N. E.)

[6] Para uma exposição concisa e respeitada de cada uma dessas teses, ver, respectivamente, Nicholas Lehmann, "The Origins of the Underclass", *The Atlantic Monthly*, jun. 1986, p. 31-55; Charles Murray, *Losing Ground: American Social Policy, 1950-1980* (Nova York, Basic Books, 1984) e Lawrence Mead, *Beyond Entitlement: The Social Obligations of Citizenship* (Nova York, The Free Press, 1985); William Julius Wilson, *The Truly Disadvantaged: The Inner City, the Underclass and Public Policy* (Chicago, The University of Chicago Press, 1987) e John D. Kasarda,

desmoronamento correlato das instituições públicas que formam a infraestrutura organizacional de toda sociedade urbana avançada. Isso significa que, longe de provir de alguma necessidade econômica ou de obedecer a uma lógica cultural específica da "classe baixa" norte-americana negra, os problemas atuais do gueto e toda a sua infinita deterioração referem-se essencialmente à ordem política das instituições e das ações do Estado (ou à falta delas)[7].

Proponho tratar resumidamente *in seriatim* de três tendências que materializam essa descivilização do gueto: a despacificação da sociedade e a erosão do espaço público; a desertificação organizacional e a política de abandono coordenado dos serviços públicos nas áreas urbanas onde se concentram os negros pobres; e, finalmente, o movimento de desdiferenciação social e a crescente informalização da economia que podem ser observados no núcleo racializado das metrópoles norte-americanas. Paralelamente, farei um esboço estatístico e etnográfico sucinto desse espaço equivalente a um campo de concentração em que se transformou o gueto negro norte-americano, baseando-me sobretudo no exemplo do de Chicago, cujas especificidades conheço mais por ter trabalhado sobre ele e nele durante vários anos.

A despacificação da vida diária e a erosão do espaço público

O aspecto mais notável do cotidiano no gueto negro norte-americano atual é, sem dúvida, a extrema periculosidade e as altas taxas de crimes violentos que afligem seus habitantes. Ao longo da década de 1990, foram registrados 849 assassinatos em Chicago, dos quais 602 por arma de fogo, e cuja vítima típica são homens jovens, de menos de 30 anos, que vivem nos bairros segregados e miseráveis do South Side e West Side (os dois Cinturões Negros históricos da cidade). Comete-se um assassinato a cada dez horas no antigo feudo de Al Capone; são 45 assaltos por dia, 36 deles a mão armada. Em 1984, já se registravam 400 prisões por crime violento para cada 100 mil habitantes; esse número quadruplicou em 1992. Uma fração desproporcional desses crimes foi cometida, mas também sofrida, pelos residentes do gueto.

De fato, um recente estudo epidemiológico conduzido pelo Centro de Controle de Doenças de Atlanta mostra que o homicídio se tornou a principal causa de mortalidade masculina entre a população negra. Da maré montante de estatísticas macabras publicadas sobre o tema em anos recentes, é possível lembrar que hoje os homens jovens do Harlem correm mais risco de sofrer uma morte

"Jobs, Migration, and Emerging Urban Mismatches", em M. G. H. McGeary e L. E. Lynn (eds.), *Urban Change and Poverty* (Washington, DC, National Academy Press, 1988), p. 148-98.

[7] Como discuti longamente em Loïc Wacquant, "Redrawing the Urban Color Line: The State of the Ghetto in the 1980s", em Craig Calhoun e George Ritzer (eds.), *Social Problems* (Nova York, McGraw-Hill, 1993), p. 448-75.

violenta, simplesmente porque moram ali, do que correriam se estivessem no front no auge da Guerra do Vietnã. No distrito de Wentworth, no coração do South Side de Chicago, a taxa de homicídios chega a 96 assassinatos para cada 100 mil habitantes. Um policial destacado para essa área lamenta: "Temos assassinatos diários que nem chegam ao noticiário. Ninguém sabe, nem se importa". E se queixa de que os jovens criminosos têm acesso a armas de alto poder de fogo, pistolas automáticas e metralhadoras Uzi: "Antes, os meninos preferiam usar porretes e facas. Hoje, usam armas melhores que as nossas". Em 1990, a polícia apreendeu mais de 19 mil armas de fogo em operações de rotina[8]. Muitas cidades grandes criaram programas de "troca de armas", nos quais se oferece um valor fixo em dinheiro em troca de armas, na esperança de reduzir o número de pistolas e fuzis em circulação nos bairros pobres.

Em certos conjuntos habitacionais públicos do gueto, tiroteios são tão frequentes que as crianças aprendem ainda pequenas a se jogar no solo para evitar balas perdidas, tão logo ouvem tiros; quanto às meninas, elas também aprendem a se proteger de estupradores. Todos os anos, milhares de secundaristas abandonam os estudos por causa da insegurança que impera nas escolas públicas de Chicago. De fato, não é incomum que as famílias enviem seus filhos para morar com parentes nos subúrbios ou nos estados do sul para que possam seguir um curso acadêmico normal sem arriscar suas vidas. Um estudo recente sobre os residentes de um grande conjunto habitacional de baixa renda no South Side compara a área em torno dos complexos a "uma zona de guerra onde os não combatentes fogem das linhas de frente". Os perigos a que se expõem as crianças desses bairros são, em ordem decrescente, tiros, extorsão por gangues e escuridão, propícia a toda espécie de violência – ao passo que uma amostra aleatória de mães suburbanas indica o medo de sequestro, acidentes de carro e drogas como as principais ameaças contra seus filhos. Uma mãe descreve uma cena típica da seguinte maneira: "Às vezes, você vê meninos vindo de duas direções; começam a se xingar e então começam a atirar"[9]. Outra acrescenta: "As pessoas começam a atirar e você percebe que está no meio de uma guerra". Nos conjuntos do West Side, as famílias que dependem de auxílio social reservam uma parcela de seus parcos recursos para pagar seguros-funeral para seus filhos adolescentes.

Nesse ambiente de violência pandêmica, o simples fato de sobreviver, de alcançar a maturidade e *a fortiori* a velhice, é considerado um feito digno de reconhecimento público. No bairro de North Kenwood, um dos mais pobres do South Side, os assassinatos se tornaram tão frequentes no final da década de

---

8 "849 Homicides Place 1990 in a Sad Record Book", *Chicago Tribune*, 2/1/1991.

9 Nancy F. Dubrow e James Garbarino, "Living in the War Zone: Mothers and Young Children in a Public Housing Development", *Child Welfare*, v. 68, n. 1, jan. 1989, p. 8.

1980 que os jovens costumavam "discutir seriamente se era possível passar dos 30 anos". Alguns analistas de problemas urbanos chegam a falar abertamente sobre os jovens negros como uma "espécie em extinção"[10]. Morrer por morte violenta e ir para a prisão tornaram-se eventos absolutamente banais, daí resultando que o encarceramento é geralmente percebido como uma simples continuação da vida no gueto:

> Para muitos *negros pobres, a América é uma prisão.* [...] A cadeia, a cadeia é só uma extensão da América, pelo menos para os negros. Mesmo na cadeia, os brancos têm os melhores empregos. É verdade! Eles dão para os brancos *os empregos que pagam mais* e dão para os negros *os piores empregos da cadeia*: limpar o porão, e todo tipo de coisa dura e maluca.

Assim me contou um de meus informantes, ex-líder dos Discípulos do Gângster Negro, a gangue que dominou o South Side no início da década de 1980, depois de sete anos numa penitenciária. De fato, há hoje mais negros entre 19 e 25 anos sob tutela correcional (presos preventivamente, cumprindo sentenças ou em condicional) do que matriculados em faculdades[11].

A primeira reação dos residentes do gueto vítimas da violência é fugir, quando podem – ou se entrincheirar em suas casas e se refugiar no círculo familiar –, quando não tentam se vingar. O reflexo de recorrer às instituições legais logo desaparece quando se tem medo da violência policial, igualmente endêmica (como se mostrou recentemente no julgamento dos policiais de Los Angeles envolvidos no brutal espancamento do motorista negro Rodney King, gravado em vídeo por um cinegrafista amador), mas também, e acima de tudo, quando os serviços do Estado, sobrecarregados e duramente carentes de recursos, se mostram incapazes de responder à demanda e garantir proteção mínima às vítimas contra as possíveis represálias dos criminosos. Alex Kotlowitz relata os esforços infrutíferos de uma família do South Side para conseguir que a polícia ou o serviço social da cidade interviesse na recuperação de seu filho de onze anos, que fora sequestrado por um traficante que o usava para distribuir drogas para sua rede[12]. Um paradoxo que vale por mil palavras: é nas áreas mais perigosas do gueto que os chamados para a polícia são os mais raros.

---

[10] Ver Arne Duncan, "Profiles in Poverty: An Ethnographic Report on Inner-City Black Youth", artigo apresentado na Urban Poverty Workshop, Universidade de Chicago, out. 1987, sobre a juventude de Kenwood; e Jewelle Taylor Gibbs (ed.), *Young, Black and Male in America: An Endangered Species* (Nova York, Auburn House Publishing Company, 1988), sobre a situação geral dos jovens negros no núcleo urbano.

[11] Troy Duster, "Social Implications of the 'New' Black Underclass", *The Black Scholar*, v. 19, n. 3, mai.-jun. 1988, p. 2-9.

[12] Alex Kotlowitz, *There Are No Children Here: the Story of two Boys Growing up in the Other America* (Nova York, Doubleday, 1991), p. 84.

A desertificação organizacional do gueto

Ao mesmo tempo causa e efeito da erosão do espaço público, o declínio das instituições locais (comércio, igrejas, associações de bairro e serviços públicos) chegou a um grau quase equivalente ao de um deserto organizacional. A origem da espantosa degradação do tecido institucional e associativo do gueto é encontrada, mais uma vez, no recuo repentino do Estado de bem-estar social, o que solapou a infraestrutura que permitia às organizações públicas e privadas desenvolver-se e subsistir nos bairros estigmatizados e marginalizados.

Já é fato estabelecido que, após a reeleição de Richard Nixon, os Estados Unidos deram um giro de 180 graus na política urbana. Ao longo dos anos 1970, o arcabouço de programas implantado pela Johnson's Great Society* foi gradualmente desmontado e, em seguida, abandonado, privando as grandes cidades de recursos para atender às necessidades de seus residentes mais desfavorecidos. A política de retração estatal das metrópoles se acelerou e atingiu seu apogeu nas duas administrações Reagan: entre 1980 e 1988, os recursos alocados para o desenvolvimento urbano sofreram um corte de 68% e os fundos destinados ao programa habitacional federal, 70%. O mesmo se deu com a assistência social: no estado de Illinois, por exemplo, o valor real em dólares da ajuda básica (destinada a mães solteiras com direito ao Auxílio a Famílias com Filhos Dependentes e aos cupons de alimentação) caiu pela metade entre 1977 e 1988. Hoje, o valor máximo recebido mal dá para pagar o aluguel de um apartamento de *um cômodo* em Chicago. E somente 55% das que têm direito a ele recebem ajuda pública.

No nível municipal, houve profundos cortes seletivos no orçamento dos serviços públicos dos quais os negros residentes em bairros pobres são os que mais dependem, entre eles os transportes públicos, os subsídios para a moradia, os serviços médicos e sociais, as escolas ou os serviços urbanos, como coleta de lixo e inspeção de residências. Assim, hoje não há um único hospital público no South Side, nem um único programa de recuperação de drogados que aceite pacientes que não tenham meios de pagar. E uma série de fechamento de quartéis de bombeiros fez com que a cidade tivesse a mais alta taxa de mortes por queimaduras em todo o país. Instituições autóctones que floresceram até os anos 1960 hoje agonizam. Até mesmo os dois pilares tradicionais da comunidade negra, sustentáculos e porta-vozes do gueto em sua forma clássica (como descrevem St. Clair Drake e Horace Cayton em seu magnífico livro *Black Metropolis* [Metrópole negra])[13], a imprensa e o púlpito, praticamente perderam sua

* Do inglês, a Grande Sociedade de Johnson. Conjunto de políticas públicas, lançado pelo presidente Lyndon B. Johnson, em 1964, com o objetivo de reduzir a pobreza e a desigualdade racial, especialmente nas metrópoles. (N. E.)

13 St Clair Drake e Horace R. Cayton, *Black Metropolis: A Study of Negro Life in a Northern City* (Nova York, Harper and Row, 1962).

capacidade de compor vida na *inner city** à medida que foram sendo privados de sua principal clientela e ponto de apoio pelo êxodo da (pequena) burguesia negra e das famílias estáveis de classe trabalhadora que procuraram refúgio nos bairros adjacentes, desocupados pelos brancos em fuga.

Mas é a degradação acelerada das escolas que revela melhor o processo de abandono institucional. O ensino público tornou-se, de acordo com o testemunho de um ex-superintendente da Câmara de Educação de Chicago, "uma reserva de pobres": 84% de sua clientela é negra ou latina, e 70% vem de famílias que vivem abaixo da linha oficial de pobreza. De cada cem crianças que entraram na sexta série em 1982, apenas dezesseis chegaram ao terceiro colegial, seis anos depois, embora não sejam exigidos exames para passar para a série seguinte. Nas dezoito escolas mais pobres do distrito, todas elas localizadas no gueto, esse percentual cai para míseros 3,5%. Três quartos dos estabelecimentos secundários da cidade não oferecem cursos que permitam o acesso à universidade; a maioria carece de salas, livros, equipamentos básicos, como máquinas de escrever, carteiras ou lousas, e, o que é pior, de professores – um quarto do corpo docente da cidade é formado por professores substitutos permanentes. Nenhum funcionário nomeado para o conselho municipal manda seus filhos para a escola pública, e pouquíssimos professores arriscam-se a mandar os seus. E por uma boa razão: Chicago gasta em média 5 mil dólares anuais por aluno, contra 9 mil dólares nas áreas ricas dos subúrbios da região Norte[14].

A pauperização do setor público rebaixou a escola ao nível de mera *instituição de custódia*, incapaz de cumprir suas funções pedagógicas. Na Fiske Elementary School, na rua 62, a poucos metros da prestigiosa Escola de Administração da Universidade de Chicago, as duas prioridades diárias são, em primeiro lugar, garantir a segurança física dos alunos e dos funcionários com uma milícia de pais armados de tacos de beisebol que patrulha a escola o dia inteiro e, em segundo, alimentar as crianças, das quais boa parte vai para a escola com fome e dorme durante as aulas por pura exaustão. Em maio de 1991, quando a Câmara de Educação de Chicago anunciou o fechamento iminente de cerca de trinta escolas do gueto, em virtude de um déficit orçamentário imprevisto, trezentos pais marcharam em protesto, que terminou em um encontro conturbado com as autoridades de ensino: "Quando vocês fecharem essas escolas e transferirem

---

* Nos Estados Unidos, conjunto de bairros, de povoamento antigo, geralmente degradados, onde moram, em condições precárias, populações pobres, muitas vezes afro-americanas e imigrantes. (N. E.)

[14] Jonathan Kozol, *Savage Inequalities: Children in America's Schools* (Nova York, Crown Books, 1991). Também é notável que não existam estudos sociológicos sistemáticos sobre as disparidades na educação nas metrópoles norte-americanas e sua contribuição para a reprodução da desigualdade racial e de classe, apesar de o país festejar sua vocação para a "oportunidade".

essas crianças, vocês poderão garantir que nossos filhos continuarão vivos quando saírem de um território e entrarem no de outra gangue?"; "Vocês querem o sangue de nossos filhos em suas mãos?"[15]. A resposta, lapidar, do prefeito nos telejornais da noite: "Não podemos colocar um policial atrás de cada estudante".

Desdiferenciação social e informalização econômica

Em conformidade com as previsões do modelo de Elias, é possível observar no gueto negro norte-americano uma tendência à *desdiferenciação social*, ou seja, uma redução funcional e estrutural da divisão do trabalho, tanto entre as populações como entre as instituições. Essa retração da diferenciação pode ser vista inicialmente na crescente uniformidade ocupacional dos residentes das áreas segregadas, por conta principalmente do aumento vertiginoso do desemprego: em 1950, metade dos moradores do gueto acima dos dezesseis anos tinha emprego; em 1980, três adultos em cada quatro estavam desempregados e mais da metade de todas as famílias dependia para sua subsistência, como recurso principal, de auxílio público. Paralelamente, há uma tendência à multifuncionalidade forçada no nível institucional, em que uma organização se vê compelida a assumir funções que geralmente caberiam a outras organizações (especialmente públicas) em virtude da crise destas ou de seu desaparecimento. Assim, as igrejas lutam como podem para compensar as deficiências das escolas, do mercado de trabalho, do sistema social, médico e judicial em avançado estado de deterioração, oferecendo sopa e mantimentos, criando programas de reabilitação de drogados e campanhas de alfabetização com a ajuda de voluntários, e mantendo "bancos de empregos". Contudo, elas próprias têm de enfrentar a redução de seus recursos humanos e financeiros, dedicando boa parte de suas energias a sua sobrevivência. O mesmo vale para a "máquina política" da cidade, incapaz de manter as redes de clientelismo responsáveis pelo recrutamento de eleitores de regiões pobres, que hoje só existem no papel. No final da campanha presidencial de 1988, a atuação do Partido Democrata local ficou reduzida à distribuição de uma refeição gratuita, no esforço desesperado de atrair eleitores potenciais para seus comícios de apoio à candidatura de Michael Dukakis.

A desdiferenciação da estrutura social está diretamente ligada ao declínio da economia formal e ao colapso do mercado de trabalho no gueto. Nas décadas do pós-guerra, as áreas segregadas das grandes cidades funcionavam como um conveniente depósito de mão de obra barata para uma economia industrial em expansão. A reestruturação do capitalismo norte-americano no período entre 1965 e 1982 acabou com esse papel de reservatório de trabalhadores, provocando o rápido esgarçamento do tecido produtivo. O destino da comunidade

[15] "Protesters Gather to Save their Schools", *Chicago Tribune*, seção 2, 22/5/1991, p. 1-10.

de Woodlawn, no South Side de Chicago, oferece uma ilustração vívida desse processo de marginalização econômica do gueto. Em 1950, Woodlawn contava com mais de setecentas empresas comerciais e industriais; hoje, tem pouco mais de cem, e a maioria delas não emprega mais do que duas ou três pessoas. O comércio mais comum no bairro são bares, salões de beleza, igrejas instaladas em lojas e pequenos estabelecimentos religiosos independentes, a maioria dos quais já fechou ou está definhando.

A esse colapso da economia oficial corresponde o crescimento vertiginoso da economia informal, especialmente do tráfico de drogas. O comércio de narcóticos é, em muitas áreas do gueto, o único setor econômico em expansão e o principal empregador de jovens sem trabalho – o único tipo de negócio que estes conhecem de perto e para o qual podem começar a trabalhar a partir dos seis ou oito anos de idade. Além disso, é também o único setor em que a discriminação racial não é uma barreira[16]. Como explicou meu informante do West Side enquanto passávamos por uma rua cheia de edifícios abandonados perto de sua casa:

> É isso que é bacana, ser estuprador, traficante. E é isso que estão fazendo, parados ali na esquina, vendendo drogas e assaltando as pessoas – é a arte deles. Veja, eles não têm mais nada; por isso, essa é a arte deles.

Além da economia da droga e do trabalho informal – cujo desenvolvimento é visível em outros setores da economia norte-americana, inclusive os mais avançados[17] – o coração do gueto assistiu a uma proliferação de pequenos "negócios" subproletários típicos das cidades do Terceiro Mundo: comerciantes de rua, vendedores de jornais, cigarros ou refrigerantes por unidade, carregadores, manobristas, diaristas etc. Não existe área do South Side sem táxis clandestinos, mecânicas ilegais, clubes noturnos e meninos que se oferecem para carregar sacolas na saída do supermercado local ou encher o tanque do carro no posto de gasolina, em troca de alguns trocados. Tudo pode ser comprado ou vendido nas ruas, desde bolsas Louis Vuitton falsificadas (a 25 dólares cada), até carros

[16] Aconselho ao leitor o livro de Terry Willians, *The Cocaine Kids: The Inside Story of a Teenage Drug Ring* (Reading, Addison-Wesley, 1989), bem como Philippe Bourgois, "Une nuit dans une 'shooting gallery': enquête sur le commerce de la drogue à East Harlem", *Actes de la recherche en sciences sociales*, n. 94, set. 1992, p. 59-78.

[17] A informalização da economia norte-americana é um fenômeno estrutural, não cíclico, motivado por seus principais setores (Saskia Sassen, "New York City's Informal Economy", em Alejandro Portes, Manuel Castells e Lauren A. Benton [eds.], *The Informal Economy: Studies in Advanced and Less Developed Countries* [Baltimore, The Johns Hopkins University Press, 1989], p. 60-77). Mas o crescimento do setor informal da economia do gueto é também "residual", ou seja, deve-se à retração do trabalho assalariado formal e das atividades econômicas regulares.

roubados, armas (trezentos dólares por uma arma "limpa", em geral, ou a metade por uma "suja"), roupas com defeito, comida caseira e bijuterias. A economia dos jogos de azar – bingos, loterias, loto, jogos ilegais de cartas e dados – não conhece recessão.

O desenvolvimento dessa economia irregular paralela está intimamente ligado à desintegração do espaço público e à despacificação da sociedade local. Segundo o antropólogo Philippe Bourgois, as ruas do gueto tornaram-se um cadinho da "cultura do terror", que cresce funcionalmente com o tráfico de drogas:

> Demonstrações regulares de violência são necessárias para o sucesso na economia subterrânea – especialmente o mundo do tráfico de rua. A violência é essencial para a manutenção da credibilidade e para prevenir um ataque de colegas, clientes ou assaltantes. De fato, [...] o comportamento que parece irracionalmente violento e autodestrutivo para um observador de classe média (ou da classe trabalhadora) pode ser reinterpretado, de acordo com a lógica da economia subterrânea, como um caso judicioso de relações públicas, propaganda e construção de relações.[18]

Para completar esse retrato sumário do processo descivilizador no gueto, é necessário lembrar: o encolhimento das redes de interdependência (como no caso da moradora do South Side que não visita mais as primas no West Side por causa da extrema insegurança do bairro ou das crianças dos conjuntos habitacionais públicos que se conformam em não ter amigos porque têm medo de se envolverem em situações perigosas)[19]; a produção de *habitus* estruturalmente instáveis, resultado da internalização de estruturas socioeconômicas cada vez mais precárias e contraditórias; o aumento das fantasias político-religiosas do tipo milenarista, da qual a crescente popularidade do líder da Nação do Islã, Louis Farrakan, é um indício, entre muitos outros. Em suma, todas as práticas de uma sociedade "infracivil" que se desenvolveu para preencher o vácuo organizacional provocado pelo recuo do Estado e pelo colapso do espaço público, assim como dos regulamentos sociais dos quais é portador.

A invenção da *underclass* ou a demonização do subproletariado do gueto negro

O flanco simbólico do processo descivilizador é a invenção da *underclass* como uma nova categoria, embora central, do senso comum político e acadêmico no debate sobre o gueto, após a revolução dos Direitos Civis[20]. Se acreditarmos na

---

[18] Philippe Bourgois, "In Search of Horatio Alger: Culture and Ideology in the Crack Economy", *Contemporary Drug Problems*, n. 16, 1989, p. 631-2.

[19] Alex Kotlowitz, *There Are No Children Here*, cit., p. 154.

[20] Para uma revisão útil das várias "teorias" da *underclass*, ver Carole Marks, "The Urban Underclass", *Annual Review of Sociology*, n. 17, 1991, p. 445-66; para uma crítica devastadora dos

mídia, nos especialistas em pesquisa política e também em um bom número de sociólogos, surgiu um novo "grupo" no coração dos Cinturões Negros urbanos do país ao longo das três últimas décadas: a *underclass*, um termo que se poderia traduzir por *quart monde* [Quarto Mundo], os excluídos ou o subproletariado, se não designasse precisamente uma "realidade" nativa sem correspondentes fora dos Estados Unidos (tal como, por exemplo, a noção de *cadre* na sociedade francesa)[21], o que justifica o fato de adotarmos a palavra norte-americana, ainda que, sem que a maioria das pessoas o saiba, tenha sua origem na palavra sueca *onderklasse*. Esse "grupo" pode ser supostamente identificado por uma série de características intimamente interligadas – desordem: uma sexualidade fora de controle, famílias chefiadas por mulheres, altas taxas de absenteísmo e reprovação nas escolas, consumo e tráfico de drogas, além de propensão ao crime violento, "dependência" persistente em relação a auxílio público, desemprego endêmico (devido, de acordo com algumas versões, à rejeição ao trabalho e à recusa em ajustar-se às estruturas convencionais da sociedade), isolamento em áreas com alta densidade de famílias problemáticas etc.

Os critérios de definição variam, assim como as estimativas do tamanho do grupo, que vão de um modesto 0,5 milhão até gigantescos 8 milhões. Alguns analistas descrevem a *underclass* como uma categoria que inclui multidões e está crescendo a um ritmo assustador; outros afirmam, ao contrário, que seu volume é muito restrito e está estagnado, ou mesmo encolhendo. Mas quase todos concordam num ponto fundamental: a *underclass* é uma entidade nova, distinta da tradicional "classe inferior" e separada do resto da sociedade, e com uma cultura específica ou nexo de relações que determina sua reprodução de comportamentos patológicos de destruição e autodestruição.

Gênese de um mito acadêmico

De onde vem essa *underclass*? Em termos estritos, o nome surgiu naquela zona sombria situada na interseção do campo político com o campo das ciências sociais, de onde se propagou inicialmente pela mídia antes de retornar, de forma

---

usos políticos desse falso conceito, ver Herbert H. Gans, "The Dangers of the Underclass: Its Harmfulness as a Planning Concept", em *People, Plans and Policies: Essays on Poverty, Racism, and Other National Urban Problems* (Nova York, Columbia University Press, 1991), p. 328-43. Duas visões paradigmáticas da visão ortodoxa encontram-se em Erol R. Ricketts e Isabell V. Sawhill, "Defining and Measuring the Underclass", *Journal of Policy Analysis and Management*, n. 7, 1988, p. 316-25, e Chicago Tribune, *The American Millstone: An Examination of the Nation's Permanent Underclass* (Chicago, Contemporary Books, 1986). É possível detectar imediatamente a quase completa convergência das visões jornalística e acadêmica do suposto grupo.

[21] Luc Boltanski, *The Making of a Class: Cadres in French Society* (Cambridge, Cambridge University Press, 1987).

triunfante, à sociologia. Tomado pelos jornalistas do economista sueco Gunnar Myrdal[22], que o empregava para designar algo completamente diferente – as frações do proletariado marginalizadas no mercado de trabalho por um estigma racial ou ético e pelas revoluções tecnológicas no sistema de produção –, o termo se tornou virtualmente sinônimo não só de "pobre desmerecedor"[23], mas também de "*negro* pobre desmerecedor". Curiosamente, parece não existir uma *underclass* branca ou, se existe, é tão insignificante que não merece menção.

É possível esboçar uma breve genealogia do discurso sobre a *underclass* refazendo sua trajetória inicial na mídia, pois foi ela que deu ao termo seu grande poder de atração. A primeira aparição nacional data do verão de 1977, quando, após os saques que ocorreram no grande apagão de Nova York, a *Time Magazine* dedicou sua capa à "*Underclass* Norte-Americana", que apresentava nestes termos – apoiados pela foto de um jovem negro, com um esgar assustador:

> Por trás das paredes esburacadas vive um grande grupo de pessoas, mais intratáveis, socialmente alienadas e hostis do que se possa imaginar. São os inatingíveis: a *underclass* norte-americana.

E definia *underclass* com base nas normas desviantes e nas práticas patológicas de seus membros: "Seu ambiente lúgubre nutre valores que são, em geral, radicalmente opostos aos da maioria – até mesmo da maioria dos pobres"[24]. Os jornalistas da *Time* haviam encontrado o termo no novo discurso desenvolvido pelas principais organizações filantrópicas do país, para as quais a "descoberta" de um novo grupo desfavorecido, definido por sua indiferença a "qualquer tipo de tentativa de contato" (como afirmou Mitchell Sviridoff, vice-presidente da Fundação Ford), oferecia uma desculpa perfeita tanto para o fracasso dos programas de combate à pobreza quanto para um nova agenda de intervenção dirigida.

Em 1982, o jornalista Ken Auletta publicou um livro, sobriamente intitulado *The Underclass*, que causou sensação e ajudou a dar ampla circulação ao termo no debate público. De acordo com esse "livro compassivo e definitivo", os novos "milhões de abnormes sociais" que "rapinam nossas comunidades" seriam os principais culpados por "crimes de rua, dependência de longo prazo em relação a auxílios sociais, desemprego crônico e comportamentos antissociais nos Estados Unidos hoje". Baseando-se livremente em tratados filantrópicos, artigos sobre política, estudos de ciências sociais, artigos de jornal e suas próprias impressões diretas, Auletta identificou quatro componentes da *underclass*:

---

22 Gunnar Myrdal, *Challenge to Affluence* (Nova York, Pantheon, 1962).

23 Segundo o título do livro notável do historiador Michael Katz, *The Undeserving Poor: From the War on Poverty to the War on Welfare* (Nova York, Pantheon, 1989).

24 "The Underclass", *Time Magazine*, 29/8/1977, p. 14-5.

"o pobre passivo", "os criminosos de rua hostis", "os gigolôs" e "os alcoólatras traumatizados, os vagabundos, as mulheres desabrigadas com suas sacolas e os doentes mentais soltos na rua". E lamentava o fato de que "tanto os programas tradicionais antipobreza como o sistema penal não foram capazes de socializar esses membros cada vez mais desesperados e geralmente virulentos de nossa sociedade"[25].

Rapidamente, um filete de histórias mais ou menos sensacionalistas se transformou em uma verdadeira torrente; a imagem do novo grupo, dotado de uma cultura ao mesmo tempo passiva, hostil e destrutiva se firmou, e a associação implícita entre negritude e *underclass* se consolidou. Em 1986, o *US News and World Report* apresentou, com autoridade, a *underclass* como uma "nação à parte, uma cultura de pessoas sem recursos que se afasta cada vez mais dos valores fundamentais das pessoas que têm recursos", e cujo "crescimento constitui o principal problema dos centros urbanos do país". Um artigo da *Fortune Magazine*, publicado no ano seguinte com o título apreensivo de "A *underclass* norte-americana: o que fazer?", descrevia as "comunidades *underclass*" (pois já então o termo era também usado como adjetivo) como "nós urbanos que ameaçam se tornar enclaves de pobreza e de vício permanentes"[26]. E sempre acompanhado de fotos de negros pobres, ora ameaçadores, ora dignos de pena, prova visual irrefutável do surgimento e da disseminação de um novo animal social indomável.

Em 1989, o Comitê Conjunto de Economia do Congresso norte-americano considerou urgente organizar uma audiência para alertar oficialmente a nação para "a tragédia da *underclass*" e lançar luz sobre as "áreas *underclass*" em que "a pobreza passa de geração em geração". Impressionantemente para uma reunião com interesse ostensivo por questões econômicas, dois dos três especialistas convidados a se pronunciar eram afro-americanos. O economista Ronald Mincy forneceu medições estatísticas corajosas sobre o tamanho, a evolução e a constituição demográfica do suposto grupo; o cientista político Lawrence Mead apresentou como causa de seu surgimento um "complexo de isolamento social, *welfare* permissivo e atitudes contrárias ao trabalho"; e o etnógrafo Elijah Anderson

---

[25] Ken Auletta, *The Underclass* (Nova York, Random House, 1982). A enumeração confusa de Auletta serviu de base para afirmar a validade da definição comportamental do "grupo" que viria a dominar o debate nos círculos políticos e científicos, de acordo com o *ethos* nacional dos Estados Unidos de individualismo moralista: "Independentemente da causa – seja culpa das próprias pessoas ou da sociedade, seja a pobreza causa ou efeito – a maioria dos estudiosos da pobreza acredita que a *underclass* sofre deficiências tanto comportamentais como de renda. A *underclass* normalmente opera fora dos limites em geral aceitos da sociedade" (ibidem, p. 28).

[26] "A Nation Apart", *U. S. News and World Report*, 17/3/1986; Myron Magnet, "America's Underclass: What To Do?", *Fortune*, 11/5/1987, p. 130.

insistiu em que "grande parte do problema da *underclass* está hoje ligado às drogas". Preocupado que "a ameaça" da *underclass* estivesse "começando a se espalhar", o presidente da casa Lee Hamilton, deputado por Indiana, fechou a discussão dizendo: "Tenho a impressão de que haverá ainda muito trabalho para entendermos o fenômeno: isso é verdade?"[27].

Era. Hoje é quase impossível acompanhar todos os livros, artigos e relatórios dedicados à *underclass*. Congressos são organizados regularmente; neles, os mais eminentes especialistas debatem sombriamente as características distintivas do "grupo", sua extensão e localização, as causas de sua formação e as formas de integrá-lo (ou seja, domesticá-lo) ao *mainstream* da sociedade norte-americana. Hoje, a maioria das grandes fundações públicas e privadas – Ford, Rockefeller, o Conselho de Pesquisa em Ciência Social e até a Fundação Nacional de Ciência – financia gigantescos programas de pesquisa sobre a *underclass*, patrocina teses, divulga publicações e propõe recomendações de políticas públicas dedicadas a ela. Livros impecavelmente eruditos, como *The Truly Disadvantaged* [Os verdadeiramente excluídos], de William Julius Wilson, *The Urban Underclass* [A *underclass* urbana], editado por Jencks e Peterson, e *Streetwise* [O sábio das ruas], do etnógrafo Elijah Anderson[28], trataram do conceito e o desenvolveram, concedendo-lhe (retroativamente) títulos de nobreza acadêmica. Ainda que esses autores, alguns por bons motivos, neguem compartilhar a tese puramente culturalista propagada pelos advogados de recuo contínuo do Estado[29], permanece o fato de que dão credibilidade à ideia de que um novo grupo se "cristalizou" no gueto, que é, no todo ou em parte, responsável pela crise das cidades. E é possível encontrar, até mesmo nos textos mais progressistas, em maior ou menor grau de eufemização, vários elementos morais ou moralizantes, que explicam o entusiasmo com que seus trabalhos foram recebidos por políticos e intelectuais burocráticos encarregados da articulação de políticas públicas de abandono urbano, cujas primeiras vítimas são os supostos membros da *underclass*.

---

[27] *The Underclass, Hearing before the Joint Economic Committee of the 101st Congress of the United States*, instaurada em 25 de maio 1989 (Washington, DC, U.S. Government Printing Office, 1989), p. 1, 19, 24, 47, 64-5.

[28] William Julius Wilson, *The Truly Disadvantaged,* cit.; Christopher Jencks e Paul Peterson (eds.), *The Urban Underclass* (Washington, DC, The Brookings Institution, 1991); Elijah Anderson, *Streetwise: Race, Class and Change in an Urban Community* (Chicago, The University of Chicago Press, 1990).

[29] É o caso de William Julius Wilson, que, mais do que qualquer outro, insiste corretamente nas raízes econômicas do declínio do gueto e recentemente se declarou pronto a abandonar o termo *underclass*, caso se prove que ele mais restringe do que facilita a pesquisa ("Studying Inner-City Social Dislocations: The Challenge of Public Agenda Research", *American Sociological Review*, v. 56, n. 1, fev. 1991, p. 1-14).

"Estupradores" e "mães welfare*": uma ameaça social fantasma*

A iconografia da *underclass* polarizou-se rapidamente em torno de duas figuras paradigmáticas: de um lado, as "gangues" de negros jovens, arrogantes e violentos, que se recusam a ocupar os postos escassos, não qualificados e mal-remunerados aos quais poderiam se candidatar e assim assumir a função que lhes cabe na base da escala social; de outro lado, as "mães adolescentes", que vivem "à custa" dos contribuintes, em virtude do dinheiro que recebem da assistência social, e que moram em grandes conjuntos habitacionais, onde se deixam fotografar complacentemente sentadas, fazendo nada, com os filhos deitados sobre os joelhos, diante da televisão ligada. Essas figuras emblemáticas são, na verdade, apenas dois aspectos da mesma fantasia: a da ameaça que os negros "incivilizados" – aqueles que não têm lugar na nova divisão do trabalho entre as castas e as classes – representam para a integridade dos valores norte-americanos e para a própria nação; os "estupradores" representam a dissolução moral e a desintegração social do lado público nas ruas; as "mães *welfare*" são portadoras dos mesmos perigos, mas no lado privado, no interior da esfera doméstica. Concebidas segundo uma lógica punitiva, o tratamento "por excesso" dessas duas categorias pelo Estado se traduz, de um lado, pelo aumento astronômico das taxas de encarceramento e, de outro, pela superlotação das agências de auxílio social no gueto, pois o problema não é tanto a pobreza e o desespero, mas o *custo social*, que tem de ser reduzido por todos os meios possíveis[30].

Uma expressão hiperbólica dessa fantasia odiosa pode ser encontrada em um artigo de Charles Murray, publicado na Inglaterra pelo *Sunday Times* (por um preço munificente), e por isso menos sujeito à censura do meio acadêmico nacional, no qual o famoso autor de *Losing Ground*, a bíblia da política social de Reagan, pôde, por alguns instantes, desconsiderar as regras do decoro sociorracial que normalmente governam o discurso sobre políticas públicas norte-americanas e dizer, às claras, o que a maioria dos analistas da *underclass* em geral tem de se contentar em escrever nas entrelinhas. Em duas citações retiradas do artigo, intitulado, em letras garrafais, "*UNDERCLASS*: OS ALIENADOS POBRES ESTÃO DEVASTANDO AS *INNER CITIES* NORTE-AMERICANAS – ESTARIA ACONTECENDO O MESMO AQUI?"[31], pode-se ler: "os homens negros são essencialmente bárbaros, para quem o casamento é uma força civilizadora"; "mulheres solteiras negras se deixam engravidar, porque sexo é bom e os bebês

---

[30] Sob esse aspecto, a *underclass* é semelhante aos imigrantes norte-africanos no raciocínio político francês (Adbelmalek Sayad, "'Coûts' et 'profits' de l'immigration: les présupposés politiques d'un débat économique", *Actes de la recherche en sciences sociales*, n. 61, mar. 1986, p. 79-82).

[31] Charles Murray, "The Alienated Poor are Devastating America's Inner City. Is the Same Happening Here?", *Sunday Times Magazine*, Londres, 26/11/1989, p. 26, 39, 43.

são uma gracinha". A análise de Murray (se é possível chamá-la assim), que apresenta os residentes do gueto como uma tribo de selvagens inclinados a canibalizar sua própria comunidade, não é tanto uma *reductio ad absurdum*, mas uma volta dos reprimidos. Não é essa a visão projetada pelos brancos (italianos e judeus) de classe inferior dos bairros adjacentes às áreas negras de Nova York, para os quais "o gueto é uma selva infestada de 'animais' de pele escura, cuja sexualidade desenfreada e famílias desfeitas desafiam todos os ideais de conduta civilizada"[32]?

Dos "teóricos" das questões de raça do final do século XIX até Charles Murray, passando por Edward Banfield, existe uma longa tradição de análises pseudocientíficas que visam a reforçar a representação estereotipada dos negros do gueto como seres preguiçosos, transviados, amorais e instáveis que se banham em uma cultura patogênica radicalmente divergente da cultura norte-americana dominante. A novidade é que a terminologia da *underclass* se diz *alheia à questão racial*: ela tem a grande virtude de permitir que se fale dos afro-americanos em uma linguagem superficialmente "desracializada". A teoria da *underclass* apresenta outra vantagem significativa, a de ser tautológica, pois os dois elementos definidores do "grupo" – uma "cultura da pobreza" transviada e desviante; uma escala de práticas patológicas e destrutivas – justificam um ao outro, num processo de raciocínio circular: os membros da *underclass* se conduzem de maneira "aberrante" (outro termo comum para descrevê-los), porque seus valores são anormais; a prova de que eles participam de uma cultura anormal está em seu comportamento errante.

Coda: para que serve a *underclass*?

Já deve estar claro que a noção de *underclass* nada mais é do que aquilo que Pierre Bourdieu chama de "mito erudito"[33], ou seja, uma formação discursiva que, sob uma apresentação científica, reformula, de forma aparentemente neutra e baseada na razão, fantasias ou prenoções comuns, relativas a diferenças entre as chamadas raças. O historiador Lawrence Levine mostrou que os senhores das plantações do Sul obtinham lucros muito maiores ao enfatizar a distância que os separava de seus escravos pelo uso de qualificativos como "bárbaro", "primitivo" e "infantil" e assim justificar sua condição de bens móveis[34]. Da mesma forma, há

---

[32] Jonathan Rieder, *Canarsie: Italians and Jews of Brooklyn Against Liberalism* (Cambridge, Harvard University Press, 1985), p. 25-6, 58-67.

[33] Para usar um conceito caro a Pierre Bourdieu, "Le Nord et le Midi: contribution à une analyse de l'effet Montesquieu", *Actes de la recherche en sciences sociales*, n. 35, nov. 1980, p. 21-5.

[34] Lawrence W. Levine, "African Culture and U.S. Slavery", em Joseph E. Harris (ed.), *Global Dimensions of the African Diaspora* (Washington, DC, Howard University Press, 1982), p. 128-9.

um "interesse inconsciente" em exagerar a diferenciação cultural do subproletariado negro urbano até o ponto da alteridade radical. Sua demonização permite que seja simbolicamente isolado e descartado, justificando assim uma política de Estado que combina medidas punitivas, como os programas de trabalho forçado, a "Guerra às Drogas"* (que é acima de tudo uma guerrilha contra os viciados e os traficantes das áreas de gueto) e políticas penais que levaram à duplicação da população prisional em uma década e ao confinamento nas *inner cities* relegadas ao abandono.

Nebulosa e maleável, de contornos variáveis e mal definidos, a noção de *underclass* deve seu sucesso a sua *indeterminação semântica*, que admite todos os modos de manipulação simbólica para reduzir ou ampliar as fronteiras do "grupo", de acordo com os interesses ideológicos em pauta. Mas, então, qual o princípio de unidade desse conceito de geometria variável? Parece que, tal como no caso dos marginais de Paris na alta Idade Média, segundo Bronislaw Geremek, é principalmente a "sensação de animosidade, de desconfiança e de desprezo"[35], inspirada pelos negros do gueto no restante da sociedade norte-americana, que serve para consolidar essa categoria.

As razões últimas do sucesso do conceito de *underclass* devem ser buscadas, então, não em seu valor científico – que é nulo, na melhor das hipóteses[36] –, mas em seus efeitos sociais, que são de três ordens. O primeiro efeito é *desistoricização* (ou naturalização) do abandono dos habitantes do gueto: a ilusão da novidade radical desse grupo faz com que se esqueça que sempre existiu um subproletariado – branco ou negro – nos Estados Unidos e que o "hipergueto" da década de 1980 nada mais é do que a exacerbação socioespacial de uma dupla lógica de exclusão racial e de classe que opera continuamente desde as origens do gueto, um século atrás. O segundo efeito é a *essencialização* da questão urbana e racial: a passagem do substantivo para a substância torna possível atribuir aos indivíduos – cuja mera agregação estatística constitui esse grupo fictício – propriedades que se referem, na verdade, ou às estruturas mentais dos analistas ou às estruturas urbanas nacionais, e assim circunscrevem falsamente ao próprio gueto um problema que tem raízes na divisão racial da política, da cidade e do Estado norte-americanos. O terceiro efeito é que a temática da *underclass* tende a *despolitizar* o dilema posto pelo declínio acelerado das áreas negras desassistidas

---

* Um dos slogans do governo de George Bush. (N.T.)

35 Bronislaw Geremek, *Les marginaux parisiens aux XIVe et XVe siècles* (Paris, Flammarion, 1976), p. 361.

36 É possível argumentar com razão que ela é, de fato, *negativa*, já que a problemática pré-fabricada da *underclass* evita a pesquisa organizada da base social e da interseção da desproletarização com divisão racial nas cidades norte-americanas e sua articulação (e ofuscamento) nos discursos públicos e nas políticas de Estado.

das metrópoles norte-americanas, pois, se a *underclass* é de fato uma coleção de indivíduos fracassados, que trazem com eles o germe de sua condição e a maldição que infligem aos outros, então a responsabilidade coletiva não pode ser invocada nem no nível das causas, nem no nível das soluções.

O discurso sobre a *underclass* é um instrumento de disciplina no sentido dado ao termo por Foucault, não tanto para os pobres em si quanto para todos aqueles que lutam para não cair no purgatório urbano simbolizado pelo nome (ou seja, a classe trabalhadora em seus vários componentes, especialmente o negro e o latino), e a melhor justificativa da política de abandono *de facto* do gueto, levada adiante pela classe dominante do país. Longe de esclarecer o novo nexo que une raça, classe e Estado nas metrópoles norte-americanas, a ficção da *underclass* contribui para mascarar a causa preeminente da descivilização do gueto no sentido proposto por Elias: a vontade política de deixá-lo apodrecer.

3

Elias no gueto

Introdução

A teoria de Norbert Elias sobre o processo civilizador e suas notas sobre seu oposto – irrupções "descivilizadoras" – oferecem uma ferramenta poderosa para diagnosticarmos a mutação do gueto negro norte-americano a partir dos anos 1960. Uma adaptação de seu quadro de referência pode nos ajudar a superar alguns dos limites perenes das análises convencionais acerca do enigma da relação entre raça e classe nas metrópoles dos Estados Unidos[1].

O gueto à luz da sociologia figuracional

Primeiramente, Norbert Elias nos alerta para a *Zustandreduktion*, a "redução do processo ao Estado", inserida na linguagem da pesquisa sobre a pobreza, a qual se agarra tipicamente às propriedades descritivas de indivíduos e de populações carentes e é induzida pela filosofia positivista da ciência que a anima. Em vez de refletir sobre o gueto em termos estáticos e morfológicos, ele sugere que o concebamos como um sistema de forças dinâmicas, que entrelaçam agentes situados tanto dentro como fora de suas fronteiras. *Formas*, e não taxas (de segregação, de destituição, de desemprego etc.), *conexões*, e não condições, devem ser a base de nossa investigação empírica.

Em segundo, a noção de *figuração* de Elias – uma extensa teia de pessoas e instituições interdependentes, ligadas simultaneamente por várias dimensões –, convida-nos a descartar a fragmentação analítica, característica de uma análise

[1] A esse respeito, ver Loïc Wacquant, "Three Pernicious Premises in the Study of the American Ghetto", *International Journal of Urban and Regional Research*, n. 20, jul. 1997.

social orientada por variáveis. "É uma superstição científica que, para investigá-los cientificamente, se precise necessariamente dissecar os processos em suas partes"[2]. Raça ou espaço, classe ou raça, Estado ou economia: essas oposições artificiais que estilhaçam o conhecimento usual da pobreza urbana nos Estados Unidos são inadequadas para capturar os complexos conjuntos causais e os processos envolvidos no fazer-se e desfazer-se do gueto como um sistema social e uma experiência vivida.

Em terceiro, Elias nos oferece um modelo de transformação social que abarca e *une níveis de análise* que vão das organizações de poder político e econômico de grande escala a relações sociais institucionalizadas, padrões de interação e tipos de personalidade. Esse modelo nos incita a juntar conceitualmente as mais "macro" de todas as macroestruturas e as mais "micro" de todas as microformações – até a constituição "biopsicossocial" do indivíduo, para falar como Marcel Mauss[3]. Pois sociogênese e psicogênese são duas faces da mesma moeda da existência humana, e mudanças em uma não podem deixar de ter impacto sobre a outra.

Em quarto, e o mais importante para nosso propósito, Elias coloca *violência e medo* no epicentro da experiência da modernidade: juntos, formam o nó górdio, amarrando as atividades mais externas do Estado à mais íntima caracterização do indivíduo. O expurgo da violência da vida social, deslocado para a égide do Estado, abre caminho para a regulamentação da troca social, a ritualização da vida cotidiana e a psicologização do impulso e da emoção, levando, por sua vez, ao "cortejo" e à cortesia do comércio humano. Quanto ao medo, ele fornece o mecanismo central para a introjeção de controles sociais e uma autoadministrada "regulação de toda a vida instintiva e afetiva"[4].

Na atualidade, medo, violência e Estado são integrantes da formação e da transformação do gueto negro norte-americano. O medo de contaminação e degradação pela associação com seres inferiores – escravos africanos – está na raiz do preconceito disseminado e da institucionalização da rígida divisão em castas que, combinados com a urbanização, deram origem ao gueto na metade do século XX[5]. A violência, partindo tanto de baixo, na forma de agressão interpessoal e terror, quanto de cima, aparecendo como discriminação e segregação patrocinadas pelo Estado, tem sido o instrumento preeminente para

---

[2] Norbert Elias, *What Is Sociology?* (Nova York, Columbia University Press, 1978), p. 98.

[3] Marcel Mauss, *Essais de sociologie* (Paris, Éditions de Minuit/Points, 1968).

[4] Norbert Elias, *The Civilizing Process* (Oxford, Basil Blackwell, 1994), p. 443. [Ed. bras.: *O processo civilizador*, São Paulo, Jorge Zahar, 1994, 2 v.]

[5] W. D. Jordan, *The White Man's Burden: Historical Origins of Racism in the United States* (Oxford, Oxford University Press, 1974); August Meier e Elliott Rudiwick, *From Plantation to Ghetto* (Nova York, Hill and Wang, 1976).

traçar e impor a "fronteira da cor". E ela também tem um papel crítico no realinhamento dos limites sociais e simbólicos dos quais o gueto contemporâneo é a expressão material.

Despacificação, desertificação e informalização

Caracterizei a mudança social no South Side de Chicago, o mais tradicional Cinturão Negro da cidade, como uma mudança de "gueto comunitário" da metade do século para "hipergueto" *fin de siècle*[6], uma nova formação socioespacial que conjuga exclusão de classe e de raça, sob a pressão da retração do mercado e do abandono do Estado, levando assim a uma "desurbanização" de grandes áreas da *inner city*.

O gueto comunitário dos anos imediatamente seguintes ao pós-guerra foi produto de uma divisão de castas generalizada, que compeliu os negros a desenvolver seu próprio mundo, na sombra – ou entre as fraturas – das instituições brancas hostis. Como uma formação socioespacial compacta, nitidamente delimitada, esse gueto comunitário incluía uma perfeita complementação das classes negras, ligadas por uma consciência unificadora de raça, uma extensiva divisão social do trabalho e a presença de agências comunitárias com bases amplas para mobilização e representação. Formava "uma cidade dentro da cidade", oposta, mas ligada à sociedade branca mais ampla, cuja infraestrutura institucional básica o gueto buscava duplicar.

Essa "metrópole negra", para pegar emprestado o título eloquente do estudo clássico da "Bronzeville" de Chicago feito por St. Clair Drake e Horace Cayton[7], foi substituída por uma forma urbana diferente. O hipergueto das décadas de 1980 e 1990 expressa uma *exacerbação da histórica exclusão racial vista por um prisma de classe* e exibe uma nova configuração espacial e organizacional. Por unir segregação de cor com divisão de classe, não contém mais uma extensa divisão do trabalho e um leque completo das classes. Suas fronteiras físicas são mais fluidas e suas instituições dominantes não são organizações comunitárias (tais como igrejas, abrigos e a imprensa negra), mas sim burocracias de Estado (previdência social, escolas públicas e polícia), que têm como alvo as "populações-problema" marginalizadas. Nesse sentido, o hipergueto serve não como uma reserva de trabalho industrial, mas como um mero depositário de categorias excedentes, que não têm uso político ou econômico para a sociedade circundante. Além disso, é

---

[6] Loïc Wacquant, "Redrawing the Urban Color Line: The State and Fate of the Ghetto in Postfordist America", em Craig Calhoun (ed.), *Social Theory and the Politics of Identity* (Oxford, Basil Blackwel, 1994).

[7] St. Claire Drake e Horace R. Cayton, *Black Metropolis: A Study of Negro Life in a Northern City* (Nova York, Harper and Row, 1962).

tomado por uma insegurança crônica, seja econômica, social ou física, em virtude da erosão, mutuamente determinada, do mercado de trabalho assalariado e do apoio estatal. Assim, enquanto o gueto, em sua forma clássica, atuava parcialmente como um escudo protetor contra uma exclusão racial brutal, o hipergueto perdeu seu papel positivo de amortecedor coletivo, tornando-se uma máquina mortal do mais puro banimento social.

A passagem do gueto comunitário ao hipergueto pode ser dramaticamente descrita pela interação estrutural entre três processos fundamentais. O primeiro é a *despacificação da vida cotidiana*, isto é, a infiltração da violência no tecido social local. A crescente decadência física e o aumento de situações de perigo no núcleo urbano da América racializada, perceptível no abandono da infraestrutura dos bairros e em taxas astronômicas de crime contra a vida (homicídio, estupro, assalto e agressões), forçaram uma ampla reconstrução das rotinas diárias e criaram uma atmosfera sufocante de desconfiança e horror[8].

Um segundo processo impõe uma *desdiferenciação social*, levando a um esgarçamento do tecido organizacional dos bairros do gueto. O desaparecimento gradual de lares estáveis da classe trabalhadora e da classe média afro-americana, o amontoado de conjuntos habitacionais em áreas de favelas negras e a desproletarização do restante dos residentes minaram as instituições comerciais, cívicas e religiosas locais. O desemprego persistente e uma aguda privação material iniciaram um encurtamento das redes sociais, ao mesmo tempo em que a falta de impacto político do negro pobre permitiu uma drástica deterioração das instituições públicas. Escolas, habitações e saúde pública, polícia, tribunais e instituições previdenciárias operam de modo a estigmatizar e isolar ainda mais os moradores do gueto[9].

Um terceiro processo é a *informalização econômica*: as insuficiências combinadas entre oferta de emprego, desertificação organizacional dos bairros e fracasso da política de auxílios sociais promoveram o crescimento de uma economia desregulada, comandada pela venda em massa, no varejo, de drogas e por todo tipo de atividades ilegais. Hoje, a maioria dos habitantes do South Side de Chicago concentra sua busca por sobrevivência em negócios de rua e no setor de assistência social: o trabalho assalariado é muito escasso e pouco digno de confiança para constituir a âncora principal de suas estratégias de vida[10].

---

[8] J. Freidenberg (ed.), "The Antropology of Lower Income Urban Enclaves: The Case of East Harlem", *Annals of the New York Academy of Sciences*, v. 749, 1995.

[9] Loïc Wacquant, "Negative Social Capital: State Breakdown and Social Destitution in America's Urban Core", *The Netherlands Journal of the Built Environment*, edição especial sobre guetos na Europa e nos Estados Unidos, no prelo.

[10] William Julius Wilson, *When Work Disappears: The World of the New Urban Poor* (Nova York, Knopf, 1996).

Retração do Estado e hiperguetoização

O nexo causal que leva à hiperguetoização no centro urbano compreende uma constelação complexa e dinâmica de fatores econômicos e políticos que se desdobra por todo o período do pós-guerra – e mesmo antes, pois muitos deles podem ser rastreados desde a era da consolidação inicial do gueto, na alvorada da "Grande Migração" de 1916-1930 –, o que contradiz as recentes teorias que postulam que a narrativa da *underclass* é um produto dos anos 1970. Contra teorias monocausais, argumento que a hiperguetoização *não tem uma, mas duas raízes fundamentais*, sendo uma a renovação da economia urbana e a outra as estruturas e políticas do Estado norte-americano nos níveis federal e local. Essa rígida segregação espacial, tornada permanente pela inação política e pela fragmentação administrativa[11], é o elo entre esses dois conjuntos de forças de uma constelação que se autoperpetua e é altamente resistente à mobilização social e a políticas sociais convencionais.

Dito isso, o *colapso das instituições públicas* resultante da política estatal de abandono e repressão punitiva da maioria pobre emerge como a raiz mais forte e distinguível da marginalidade entranhada na metrópole norte-americana. Despojado das especificidades, o modelo teórico do papel do Estado na hiperguetoização que Elias nos ajuda a determinar pode ser esquematizado do seguinte modo: a erosão da presença, do alcance e da eficácia das instituições e programas públicos encarregados de oferecer os bens sociais essenciais no núcleo urbano "racializado" emite uma série de ondas que desestabilizam a já enfraquecida matriz organizacional do gueto. Essas ondas são independentes, ainda que proximamente relacionadas e amplificadas por aquelas emanadas da reestruturação da economia pós-fordista e da resultante dualização da cidade[12].

O maciço *desinvestimento social* levado a cabo pela diminuição da provisão estatal (i) acelera a decomposição da infraestrutura institucional inerente ao gueto; (ii) facilita a propagação da violência endêmica e estimula o clima de medo envolvente; e (iii) oferece espaço e impulso para o desabrochar de uma economia informal dominada pelo comércio da droga. Esses três processos, por sua vez, alimentam-se mutuamente e inscrevem-se em uma constelação aparentemente autossustentável que apresenta todos os sinais exteriores de ser conduzida *internamente* (ou ser "específica do gueto"), quando na realidade é (sobre)determinada e sustentada *externamente* pelo brutal e desigual movimento de retirada de um Estado de semibem-estar social.

---

[11] Douglas Massey e Nancy Denton, *American Apartheid: Segregation and the Making of the Underclass* (Cambridge, Harvard University Press, 1993).

[12] Saskia Sassen, "Economic Restructuring and the American City", *Annual Review of Sociology*, n. 16, 1990, p. 465-90; John H. Mollenkopf e Manuel Castells (eds.), *Dual City: Restructuring New York* (Nova York, Russell Sage Foundation, 1991).

O fato de a trajetória involutiva do gueto parecer ser conduzida por processos endógenos, autocontidos, é vital para a redefinição político-ideológica da questão da raça e da pobreza nos anos 1980. Pois esse fato dá rédea livre à culpabilização de suas vítimas, como no discurso estigmatizante da "*underclass* comportamental"[13], que justifica ainda mais a retração do Estado. Este último "ratifica" então a visão de que o gueto está atualmente além de políticas remediadoras, dado que suas condições internas continuam a deteriorar-se.

Assim, o estreitamento da ecologia organizacional do gueto enfraquece sua capacidade coletiva para o controle formal e informal da violência interpessoal, o que, no contexto de ampla privação material, leva a um aumento do crime e da violência[14]. Acima de um certo limiar, a onda de crimes violentos torna impossível a operacionalização de uma atividade comercial no gueto e assim contribui para o esvanecimento da economia baseada no trabalho assalariado. A informalização e a desproletarização, por sua vez, diminuem o poder de compra e a estabilidade dos residentes do gueto, o que mina a viabilidade de instituições locais – e assim as chances na vida daqueles que delas dependem. Isso também aumenta o crime, já que a violência é o meio primordial de regulação das transações na economia de rua, cuja violência alimenta o declínio organizacional que, por sua vez, aumenta a informalização econômica, tal como indicado na Figura 1.

FIGURA 1

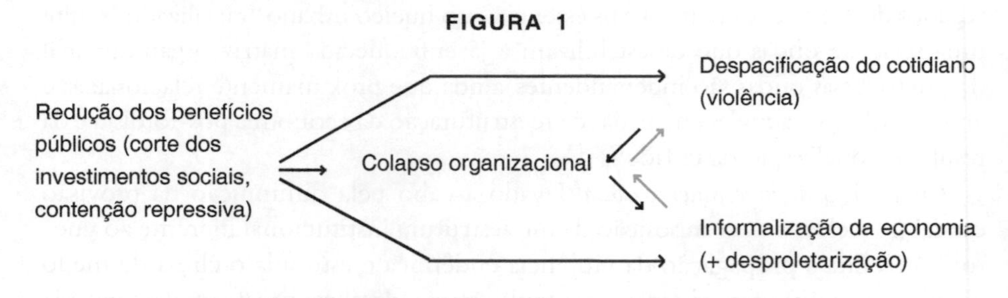

Modelo simplificado da relação entre a redução do Estado de bem-estar e a hiperguetoização.

Da rede de proteção à *blitz* policial

A retração do Estado não deve ser entendida como retirada *in toto*, como se ele, de algum modo, desaparecesse dos bairros segregados dos Estados Unidos. Para estancar as "desordens públicas", associadas à marginalidade aguda causada pelo

[13] Herbert Gans, *The War Against the Poor: The Underclass and Antipoverty Policy* (Nova York, Basic Books, 1995).

[14] Robert J. Bursik e Harold G. Grasmik, "Economic Deprivation and Neighborhood Crime Rates, 1960-1980", *Law and Society Review*, v. 27, n. 2, 1993, p. 263-83.

rebaixamento – ou término – do componente (federal) de bem-estar econômico, habitacional e social, o Estado (local) é compelido a aumentar sua vigilância e sua presença agressiva no gueto[15].

De fato, as duas últimas décadas testemunharam um crescimento explosivo das funções penais do Estado norte-americano, tais como as prisões e toda sorte de artifícios de encarceramento (liberdade condicional, *probation**, monitoramento eletrônico, *boot camps*** e toques de recolher), usados para estancar as consequências de uma crescente destituição causada pela diminuição da assistência social. Hoje, os Estados Unidos estão gastando mais de 200 bilhões de dólares por ano na indústria de controle do crime, e a "face" do Estado mais familiar para os jovens residentes no gueto é aquela do policial, do encarregado da liberdade condicional e do guarda da prisão[16]. A população encarcerada triplicou em quinze anos, de 494 mil pessoas em 1980 para mais de 1,5 milhão em 1994, atingindo os afro-americanos pobres com especial brutalidade: um homem negro em dez, de idade entre 18 e 34 anos, está atualmente encarcerado (compare-se com um adulto a cada 128, no país como um todo) e um homem negro em três, de qualquer idade, está sob a supervisão do sistema de justiça criminal ou foi preso em algum momento nos últimos doze meses.

Entretanto, a substituição das funções de provisão social pelas funções disciplinares levada a cabo pela polícia, pela justiça criminal e pelo sistema penitenciário, foi apenas parcial, de tal forma que o resultado líquido desse "fortalecimento-enfraquecimento simultâneo do Estado"[17] é uma marcada diminuição do núcleo urbano. Isso é visível mesmo na esfera da ordem pública, apesar da guerrilha urbana contra os pobres levada a cabo pela polícia e pelos tribunais sob o disfarce da "Guerra às Drogas". Mesmo naquelas partes do gueto onde as forças policiais são altamente visíveis, a *blitz* policial simplesmente não pode compensar o desenredar da "rede de proteção social". Por exemplo, apesar da presença de um posto policial *dentro* das Robert Taylor Homes, a mais indigna concentração de conjuntos habitacionais do país, a Chicago Housing Authority achou necessário criar sua própria força policial suplementar para patrulhar o local. E mesmo assim

---

15 Mike Davis, *Cidade de quartzo: escavando o futuro em Los Angeles* (São Paulo, Boitempo, no prelo), cap. 5.

* O sistema de *probation* permite que contraventores (especialmente jovens) não sejam punidos por seu primeiro delito, desde que não cometam outros crimes posteriormente. (N. E.)

** *Boot camps* são campos ao estilo militar para onde delinquentes juvenis são enviados. Nesses locais, vivem sob uma disciplina estrita, tal como no exército. A ideia que comanda essas instituições é a de que só assim se aprenderá o respeito pela autoridade. (N. E.)

16 Jerome G. Miller, *Search and Destroy: African-American Males in the Criminal Justice System* (Cambridge, Cambridge University Press, 1996).

17 Nicos Poulantzas, *L'État, le pouvoir et le socialisme* (Paris, Presses Universitaires de France, 1978), p. 226. [Ed. bras.: *O Estado, o poder, o socialismo*. 4. ed., Rio de Janeiro, Graal, 2000.]

não conseguiu oferecer um nível mínimo de segurança física a seus residentes (no início dos anos 1990, a taxa de homicídio no South Side de Chicago excedia 100 por 100 mil, a mais alta da cidade), quanto mais efetivar um controle maior dos chamados "comportamentos da *underclass*" que preocupam as elites políticas e os especialistas em políticas públicas.

Isso porque a retração do Estado de bem-estar social impactou o gueto não apenas diminuindo os fluxos de investimento e renda que a ele acorriam, mas também, e mais significativamente, por esgarçar toda a rede de "relações sociais indiretas"[18] sustentada por instituições públicas e pelas organizações privadas que, por sua vez, eram sustentadas por aquelas redes. A substituição do Estado de semibem-estar social pelo Estado penal apenas reforça a instabilidade socioeconômica e a violência interpessoal que este deveria, supostamente, atenuar.

Elias nos ajuda assim a "trazer o Estado de volta ao interior"* da análise do nexo entre casta, classe e espaço no hipergueto norte-americano. O exame do papel do Estado deve incluir: (i) todos os níveis do aparato governamental (federal, estadual, distrital e municipal), assim como as estratégias e práticas dos residentes do gueto em relação a eles; (ii) não apenas as políticas de bem-estar e de "antipobreza", mas todo o escopo das atividades do Estado que afetam a estruturação socioespacial da desigualdade, inclusive as políticas penal e criminal; e (iii) tanto o que a autoridade pública faz como o que ela deixa de fazer, pois o Estado modela a marginalidade urbana não apenas por delegação, mas também – e talvez de modo mais decisivo, no caso dos Estados Unidos – por omissão (social e racialmente seletiva).

Levar Elias ao gueto negro norte-americano sugere que os modelos teóricos de sua transformação (e, além disso, da reconfiguração da ordem metropolitana) que omitem o Estado, suas capacidades organizacionais, políticas e discursos, assim como suas modalidades de intervenção na rua, o fazem ao custo de se proibir a descoberta das *raízes especificamente políticas dos padrões de exclusão de raça e de classe*, das quais o hipergueto de hoje é a materialização concreta. Tais modelos correm o grave risco de serem invocados para recomendar receitas que podem fazer pouco mais do que prover, *ex pos facto*, legitimidade para as políticas de abandono urbano e contenção repressiva do (sub)proletariado negro que são a causa principal do contínuo agravamento da condição dos párias urbanos dos Estados Unidos.

---

[18] Craig Calhoun, "Indirect Relationships and Imagined Communities Large-Scale Social Integration and the Transformation of Everyday Life", em Pierre Bourdieu e James Coleman (eds.), *Social Theory for a Changing Society* (Boulder, Westview Press, 1991).

* No original, *bring the state back in*, alusão a um conhecido volume de ensaios, *Bringing the State Back In*, organizado por Peter Evans, Dietrich Rueschemeyer e Theda Skocpol e editado pela Cambridge University Press, em 1985. (N.T.)

4

"Uma cidade negra dentro da branca"

o gueto norte-americano revisitado

> Tanto os brancos quanto os negros norte-americanos possuem resistências arraigadas contra a explicitação do problema do negro, mesmo que verbal, em toda a sua horrenda plenitude, na totalidade de seu significado.
>
> Richard Wright, prefácio a *Black Metropolis*

O significado do "gueto" na sociedade e nas ciências sociais norte-americanas modificou-se ao longo do tempo, em função da forma como as elites intelectuais e políticas do país perceberam e trataram os problemas entrelaçados de etnicidade e de pobreza na metrópole[1] contra o pano de fundo de uma cultura nacional, profundamente antiurbana, que define a cidade grande um vetor de dissolução e de perigo[2]. Esquematicamente, é possível distinguir três estágios na trajetória semântica do termo no debate contemporâneo, que gera a paradoxal "desracialização" de uma noção inicialmente cunhada e tradicionalmente empregada para designar um instrumento de dominação etnorracial.

O gueto eviscerado

Desde a presidência de Andrew Jackson até a de Theodore Roosevelt (ou seja, no período de 1830 a 1900), a palavra *gueto*, importada do Velho Mundo, era aplicada especificamente aos bairros com grande proporção (real ou imaginária) de judeus da Europa oriental, que se instalavam nas cidades portuárias da costa leste. Nesse período, os bairros onde a degradação física e social frustrava os esforços de ascensão individual e de melhoria coletiva foram rotulados de *slums* – termo imperfeitamente traduzido por "favela", uma vez que essa tradução não abarca a dimensão essencialmente política e moral do vocábulo norte-americano, que

---

1 David Ward, *Poverty, Ethnicity, and the American City, 1840-1925* (Cambridge, Cambridge University Press, 1989).

2 Morton White e Lucia White, *The Intellectual Versus the City: From Thomas Jefferson to Frank Lloyd Wright* (Nova York, Oxford University Press, 1977) e Paul Boyer, *Urban Masses and Moral Order in America, 1820-1920* (Cambridge, Harvard University Press, 1978).

exprime acima de tudo a ansiedade social gerada pela urbanização, pela industrialização e pela retomada da imigração que alteravam então a fisionomia do país[3]. A "descoberta" do *slum* foi o impulso mais importante por trás do crescimento da filantropia, do movimento de reforma moral e das investigações urbanas, como atesta a fundação da Sociedade Americana de Ciências Sociais, em 1865, e em seguida o desenvolvimento do movimento das *settlement houses* [casas de assistência] nas grandes cidades do Norte e do Leste.

Durante e depois da era progressista, o termo "gueto" se expandiu para designar o confinamento socioespacial dos recém-chegados à metrópole, especialmente as famílias de classes populares provenientes da Europa do sul e central, mas também os afro-americanos que fugiam do regime opressivo do Sul segregacionista e tentavam alcançar a "terra prometida" do Norte industrial[4]. O termo se referia então, de maneira geral, à *intersecção* entre bairro étnico e *slum*, ou seja, esses lugares onde segregação, degradação do meio ambiente, superpopulação e miséria (associada a desemprego e instabilidade no emprego) se aliam para exacerbar os males urbanos e inibir a participação na vida societal. Essa concepção recebeu o devido reconhecimento científico dos sociólogos da Escola de Chicago, que formularam durante o entre-guerras um paradigma, chamado ecológico, dos processos de urbanização, que descreve a formação de enclaves étnicos como um fenômeno "natural" (refere-se à "competição pelo espaço" que se desenvolve tanto entre os humanos "como entre as plantas") e coloca, no mesmo plano estrutural e funcional, as "colônias" de recém-imigrados vindos da Europa (irlandeses, italianos, poloneses, alemães, judeus etc.), o Cinturão Negro onde se aglomeram os afro-americanos vindos do Sul e até mesmo as "zonas de vícios"[5].

Foi somente após a Segunda Guerra Mundial que o campo semântico do "gueto" se contraiu novamente para denotar quase exclusivamente *a segregação forçada de negros norte-americanos* em distritos compactos e degradados dos centros das cidades. Dois fatores alimentaram essa contração: o crescimento espetacular do movimento pelos direitos civis, que levou à rejeição coletiva do regime de castas pela comunidade negra, e o crescente contraste entre dispersão residencial fluida dos "brancos étnicos" e reclusão persistente dos descendentes de

---

[3] Roy Lubove, *The Progressives and the Slums: Tenement House Reform in New York City, 1890-1917* (Pittsburgh, University of Pittsburgh Press, 1962).

[4] Carole Marks, *Farewell – We're Good and Gone: The Great Black Migration* (Bloomington, Indiana University Press, 1989) e Loïc Wacquant, "De la 'terre promise' au ghetto: la 'Grande Migration' noire américaine, 1916-1930", *Actes de la recherche en sciences sociales*, n. 99, set. 1993, p. 43-51.

[5] Robert E. Park, Ernest Burgess e Roderick McKenzie, *The City: Suggestions for the Investigation of Human Behavior in the Urban Environment* (Chicago, The University of Chicago Press, 1925) e Louis Wirth, *The Ghetto* (Chicago, The University of Chicago Press, 1928), p. 6.

escravos, apoiada nas diferenças estruturais e vivenciais entre colônia europeia e Cinturão Negro. A onda de protestos que, de Watts a Detroit, sacudiu os bairros afro-americanos das metrópoles na metade da década de 1960 acabou por solidificar a equação "gueto igual a gueto negro" no campo político, bem como no das ciências sociais[6]. Algumas referências esparsas a "guetos brancos" ainda são encontradas até o início dos anos 1970[7]. Mas a "analogia imigrante", segundo a qual a marginalização persistente dos afro-americanos se explicaria por serem estes o "último dos grupos imigrados", foi finalmente desmascarada, apontando o que fora essa explicação desde seu surgimento: uma falácia histórica e um "gigantesco erro de cálculo"[8] de todos aqueles que esperavam que a urbanização acabaria por atenuar, ou mesmo eliminar, a linha de demarcação racial dos Estados Unidos.

Em cada uma de suas três encarnações norte-americanas passadas, a noção de gueto englobou e associou as ideias de homogeneidade e *divisão etnorracial* às de *confinamento espacial* e *enclausuramento social*[9]. Os estudos sobre raça e na metrópole norte-americana, que se desenvolveram sob a bandeira da categoria ambígua de *underclass*, desviaram-se bruscamente dessa linha semântica, na medida em que tenderam a assimilar ao gueto qualquer perímetro de grande pobreza, independentemente de sua população, organização social e função no conjunto urbano[10]. À primeira vista, poderia parecer que essa redefinição é fruto de um simples ajuste técnico, necessário para captar as estruturas emergentes da exclusão urbana que confundem ou mesmo transpassam a linha de demarcação

---

6 Kerner Commission, *The Kerner Report: The 1968 Report of the National Advisory Commission on Civil Disorders* (Nova York, Pantheon, 1989).

7 Robert E. Forman, *Black Ghettos, White Ghettos, and Slums* (Englewood Cliffs, Prentice-Hall, 1971) e David R. Goldfield e James B. Lane (eds.), *The Enduring Ghetto: Sources and Readings* (Filadélfia, J. B. Lippincott Company, 1973).

8 Richard C. Wade, "The Enduring Ghetto: Urbanization and the Color Line in American History", *Journal of Urban History*, v. 17, n. 1, nov. 1990, p. 4-13.

9 É preciso lembrar que, quando o termo começou a ser usado para se referir primeiro aos bairros judeus e em seguida a outros distritos de imigrantes das cidades, os recém-chegados à América que não eram de origem inglesa eram muitas vezes "racializados": alemães, italianos, poloneses e irlandeses eram percebidos como agrupamentos distintos, tanto no plano biológico como no plano cultural, e tendo cada um seus próprios costumes e características hereditárias distintivas (Matthew Frye Jacobson, *Whiteness of a Different Color: European Immigrants and the Alchemy of Race* [Cambridge, Harvard University Press, 1998]).

10 Ver, para alguns exemplos típicos, Mark A. Hughes, "Formation of the Impacted Ghetto: Evidence from Large Metropolitan-Areas, 1970-1980", *Urban Geography*, v. 11, n. 33, 1990, p. 265-84; William Julius Wilson, *When Work Disappears: The World of the New Urban Poor* (Nova York, Knopf, 1996); Christopher Jencks e Paul E. Peterson (eds.), *The Urban Underclass* (Washington, The Brookings Institution, 1991); James A. Devine e James D. Wright, *The Greatest of Evils: Urban Poverty and the American Underclass* (Nova York, Aldine, 1993); para um panorama

racial. Olhando com mais detalhe, porém, esse deslocamento lexical se mostra *coup de force* conceitual direcionado por simples considerações táticas de "política" pública: na verdade, equivale a *expurgar a raça* da equação causal e a *colar* o *gueto à ideia de slum,* embora tudo indique que o cisma branco/negro continue a ser um determinante primordial da marginalização nos centros urbanos.

Tudo isso porque a renda é uma variável que os analistas e os arquitetos das políticas públicas consideram mais "amena": não se presta a controvérsias, é ideologicamente inócua e parece fácil de medir e de manipular – tudo o que falta à raça. Foi assim que no final da década de 1980, pela primeira vez em sua longa vida na América, o conceito de "gueto" perdeu seu referencial etnorracial e qualquer menção à opressão coletiva e ao poder do grupo dominante. Uma noção institucional multifacetada foi assim transformada em um descritor demográfico sem densidade e unidimensional, que obscurece a história e a realidade persistente da divisão racial nos Estados Unidos.

Essa eliminação da dominação etnorracial pode ser imediatamente detectada nos trabalhos dos principais especialistas da *underclass* e de seus derivados nas *policy studies.* Assim, em seu livro *When Work Disappears* [Quando o trabalho desaparece], William Julius Wilson relata de maneira aprovativa que, "em seus esforços para examinar empiricamente o problema da pobreza no gueto em todo o país, os pesquisadores das ciências sociais tenderam a definir os bairros do gueto como bairros situados em áreas censitárias que tivessem *ghetto poverty*", isto é, as zonas "nas quais pelo menos 40% dos residentes são pobres" (segundo os critérios administrativos que fixam o "patamar de pobreza", estipulados pelo governo federal)[11]. A autoridade científica mais eminente do país sobre a questão endossa aqui essa alteração conceitual, que justifica citando as investigações de dois pesquisadores da Kennedy School of Government de Harvard, Paul Jargowski e Mary Jo Bane (que mais tarde se tornaria secretária de Estado para o auxílio social no primeiro governo Clinton). Jargowski e Bane, por sua vez, se referem de maneira perfeitamente circular ao "uso corrente" dessa nova definição baseada na renda[12] para justificar o fato de purgar qualquer noção de restrição etnorracial de sua operacionalização[13].

---

epistemológico e uma crítica teórica das três encarnações (estrutural, comportamental e neoecológica) desse conceito híbrido e de seu lugar no debate erudito e cívico nos Estados Unidos, ver Loïc Wacquant, "L'*underclass* urbaine dans l'imaginaire social et scientifique américain", em Serge Paugam (ed.), *L'Exclusion: l'état des savoirs* (Paris, La Découverte, 1996), p. 248-62 (aliás, a mesma crítica vale para a noção frouxa e heteróclita de "exclusão").

[11] William Julius Wilson, *When Work Disappears*, cit., p. 12, grifo do texto original.

[12] Paul A. Jargowski e Mary Jo Bane, "Ghetto Poverty in the United States, 1970-1980", em Christopher Jencks e Paul E. Peterson (eds.), *The Urban Underclass*, cit, p. 235-73.

[13] Para uma discussão mais ampla dos custos analíticos e das armadilhas políticas desse abandono da dimensão institucional do "gueto", ver Loïc Wacquant, "Three Pernicious Premises in the

A metrópole negra revisitada

Basta voltar-se para a história urbana dos afro-americanos para perceber que um gueto não é apenas um simples conglomerado de famílias pobres, tampouco um acúmulo espacial de condições sociais indesejáveis – falta de renda, degradação das moradias ou criminalidade endêmica, além de outros comportamentos perturbadores ou "antissociais" – mas uma *forma institucional*. Ele é o instrumento de enclausuramento e de poder etnorracial (*Schliessung* e *Macht*, no vocabulário weberiano), por meio do qual uma população considerada mal-afamada, corrompida e perigosa é mantida sob isolamento e controle.

Estendendo-se pelo meio século que vai da Primeira Guerra Mundial à Revolução dos Direitos Civis, o "gueto comunitário" da era fordista, minuciosamente dissecado pela escola historiográfica da *ghetto synthesis*[14], foi produto da confluência entre a migração em massa rumo às cidades do Norte e a industrialização dos camponeses afro-americanos dos estados do Sul, que levou à proletarização dos negros no contexto de um rígido regime de castas costurado no tecido material e simbólico da metrópole e imposto por uma mistura de coerção jurídica, costume e violência bruta. O Harlem de Nova York, o South Side de Chicago e o Paradise Valley de Detroit nunca foram simples territórios de deterioração ecológica e de exclusão social: foram – e ainda são – a manifestação concreta de uma relação de poder entre a sociedade branca dominante e sua casta negra subordinada.

Assim como o confinamento forçado dos judeus nas cidades medievais favoreceu a cristalização de um complexo institucional distinto[15], a imposição por parte dos brancos de uma barreira de cor inflexível como muralha da separação de grupos acarretou a formação de "uma cidade artificial" com suas próprias

---

Study of the American Ghetto", *International Journal of Urban and Regional Research*, n. 20, jun. 1997, p. 341-53, e os comentários subsequentes a esse artigo entre junho de 1997 e fevereiro de 1998 (de Michael B. Katz, Janet Abu-Lughod, Herbert Gans, Javier Auyero, Kenneth L. Kusmer, Paul Jargowski, Ceri Peach e Sharon Zukin).

14 Esse amplo leque de trabalhos históricos, que têm em comum o fato de serem fortemente marcados pelo surgimento do Movimento dos Direitos Civis, inclui as famosas monografias de Gilbert Osofsky sobre o Harlem, de Allen Spear sobre Chicago, de David Katzman sobre Detroit e de Kenneth Kusmer sobre Cleveland. Joe William Trotter Jr., "Afro-American Urban History: A Critique of the Literature", em *Black Milwaukee: The Making of an Industrial Proletariat, 1915-1945* (Urbana, University of Illinois Press, 1985), p. 264-82, oferece um panorama crítico do surgimento e dos limites dessa "escola". Para uma atualização desse debate no longo período histórico, ver Joe W. Trotter, Earl Lewis e Tera W. Hunter (eds.), *The African American Urban Experience: Perspectives from the Colonial Period to the Present* (Nova York, Palgrave McMillan, 2004).

15 Richard Sennett, *Flesh and Stone: The Body and the City in Western Civilization* (Nova York, W. W. Norton, 1994), p. 212-53.

"escolas, seus próprios hospitais e outras instituições unirraciais"[16], aninhada no coração da metrópole norte-americana e, no entanto, socialmente separada dela. Em ambos os casos, a função exercida pela constelação socioespacial assim produzida é a mesma: permitir que o grupo dominante – os cristãos na cidade--Estado da Renascença europeia e os brancos na cidade industrial dos Estados Unidos moderno – maximize os lucros tirados de uma categoria etnorracial subordinada, minimizando o contato social com ela e, consequentemente, os riscos correlativos de contaminação e de desvalorização simbólicas. Essa combinação feita de separação e de duplicação institucionais, de enredamento estrutural e de enclausuramento vivencial – e não a prevalência, a intensidade ou a persistência da pobreza – é o que distingue o modo de urbanização dos negros da trajetória metropolitana de todos os outros grupos na história dos Estados Unidos[17].

De fato, esse *enquadramento institucional forçado baseado no confinamento espacial* foi devidamente ressaltado – ainda que não tenha sido tematizado como tal – por todos os grandes pesquisadores afro-americanos que se debruçaram sobre a questão urbana dos negros no século XX. Na sequência de sua análise inovadora do *Philadelphia Negro* [O negro da Filadélfia], W. E. B. Du Bois elaborou um estudo social sobre *The Black North in 1901* [O Norte negro em 1901]. Observando que "o problema negro não é propriedade exclusiva do Sul do país", ele descreve a Nova York negra como "um mundo em si, fechado ao mundo externo e quase desconhecido por ele, com igrejas, clubes, hotéis, salões e instituições de caridade; com suas próprias distinções sociais, diversões e ambições"[18].

A causa desse "ambiente social peculiar e incomum que afeta, até certo ponto, todas as outras forças sociais"[19]: a exclusão sistemática imposta pelos brancos, baseada em um preconceito de casta onipresente. Numa palestra sobre "A raça negra nos Estados Unidos da América", apresentada no Primeiro Congresso Universal de Raças, realizado em Londres em 1911, Du Bois retoma essa mesma questão: em virtude da rejeição por parte dos brancos, "criou--se um mundo negro na América, que possui sua própria vida econômica e social, suas igrejas, escolas e jornais; sua literatura, opinião pública e ideais".

---

16 Gunnar Myrdal, *An American Dilemma* (Nova York, Harper and Row, 1945), p. 618.

17 Para uma visão de conjunto dos estudos sobre a urbanização afro-americana que indiretamente trazem materiais preciosos sobre esse ponto, ver Joe W. Trotter, "African Americans in the City: The Industrial Era, 1900-1950", *Journal of Urban History*, v. 21, n. 4, maio 1995, p. 438-57, e Kenneth L. Kusmer, "The Enduring Ghetto: Urbanization and the Color Line in American History", *Journal of Urban History*, v. 21, n. 4, maio 1995, p. 458-504.

18 Dan S. Green e Edwin D. Driver (eds.), *W. E. B. Du Bois on Sociology and the Black Community* (Chicago, The University Press, 1978), p. 152.

19 Ibidem, p. 75.

E, mais ainda, "essa vida passa profundamente despercebida e permanece desconhecida na própria América"[20].

Nas primeiras páginas de sua clássica representação da *Black Manhattan* [Manhattan negra], em 1930, James Weldon Johnson reproduz essa visão, quando escreve:

> Então, aqui temos o Harlem – não apenas uma colônia, comunidade ou povoado – de maneira nenhuma um distrito, uma favela ou uma zona marginal –, mas uma cidade negra, localizada no coração da Manhattan branca e contendo mais negros por quilômetro quadrado do que qualquer outro lugar no mundo. [21]

Novamente, "a aparente incongruência e o fantástico dessa metrópole negra no coração da grande metrópole branca ocidental" são facilmente explicados quando se leva em conta a longa duração das relações de oposição que se criaram entre os brancos e os escravos africanos e seus descendentes.

O esquema da "cidade negra na branca" é, evidentemente, crucial no trabalho de St. Clair Drake e Horace R. Cayton. O próprio título de sua obra-prima, *Black Metropolis* [Metrópole negra], resume bem as noções combinadas de segmentação, confinamento e paralelismo institucional. Drake e Cayton apontam no capítulo inicial do livro que, a partir de 1940, mais de nove décimos dos 337 mil negros de Chicago estavam "densamente amontoados", numa "faixa estreita de terra de 11 quilômetros de comprimento e 2,5 quilômetros de largura", e continuavam a se concentrar ainda mais, enquanto "as comunidades de imigrantes nascidos no estrangeiro estavam se desintegrando" e rapidamente se dispersando pela paisagem urbana. O cerne de sua investigação é o crescimento, a constituição interna e a textura vivencial dessa metrópole negra "no ventre da branca". Seu propósito é elucidar:

> [...] os modelos de vida e de pensamento, as atitudes e os costumes que fazem da Metrópole negra uma cidade dentro de uma cidade, única e distinta. Compreenda o Cinturão Negro de Chicago e você compreenderá os cinturões negros de uma dúzia de grandes cidades norte-americanas.[22]

Esse sentimento de viver em uma cidade própria, distinta e separada da metrópole branca circundante era tão avassalador que os *brown Chicagoans* – como os afro-americanos se autodenominavam na época – faziam eleições simuladas

---

[20] Ibidem, p. 107.

[21] James Weldon Johnson, *Black Manhattan,* com uma nova introdução de Sondra Kathryn Wilson (Nova York, Da Capo, 1981), p. 3-4.

[22] St. Clair Drake e Horace R. Cayton, *Black Metropolis: A Study of Negro Life in a Northern City* (ed. revista e ampliada, Nova York, Harper and Row, 1962, 2 v.), p. 12. Foi reeditado pela University of Chicago Press, em 1993.

para "prefeito de Bronzeville". Iniciada em 1930 como uma operação publicitária para aumentar a tiragem do jornal para negros *Chicago Bee* e posteriormente organizada por seu rival *Chicago Defender*, esse concurso anual atraía milhares de participantes na metade do século. O vencedor era geralmente um executivo, cuja missão era se comportar como representante símile e porta-voz da "cidade negra dentro da branca": "Durante seu mandato, esperava-se dele que servisse de símbolo das aspirações da comunidade. Ele visitava igrejas, apresentava reivindicações ao prefeito da cidade e fazia a recepção oficial aos visitantes de Bronzeville"[23]. O falso prefeito de Bronzeville era, assim, a encarnação viva do confinamento comunitário e da posição subordinada dos afro-americanos na metrópole fordista. Expressava a aspiração coletiva à autonomia e à dignidade dos residentes do gueto, ao mesmo tempo em que sua negação implacável[24].

Em seu panorama da urbanização negra no século XX, E. Franklin Frazier confirma que "a expansão da comunidade negra seguiu o modelo de uma cidade autônoma [*self-contained*]", dotada da maioria das funções e serviços dos quais a população precisa para organizar sua vida sociocultural em semi-independência da sociedade branca circundante que a rejeita: hospitais, igrejas, comércios, locais de lazer e até mesmo associações caritativas e de assistência social[25]. O relato de Frazier sobre a estrutura socioespacial da população negra urbana não é totalmente consistente, em razão da insistente tensão entre o paradigma ecológico que ele adota e a realidade empírica que ele analisa com ajuda deste.

Por ser profundamente fiel ao modelo radial de povoamento e de sucessão no seio da metrópole, codificado por Ernest Burgess em *The City* [A cidade], Frazier sustenta, por um lado, que "o caráter geral dessas comunidades negras foi determinado pelas mesmas forças econômicas e culturais que modelaram a organização da comunidade urbana como um todo"[26]. Embora os brancos resistissem furiosamente à "invasão" de seus bairros por afro-americanos, Frazier afirma que "nem a violência, nem a formação de associações de proprietários

---

[23] Ibidem, p. 383.

[24] Desse ponto de vista, o prefeito de Bronzeville é um análogo moderno parcial do chefe do *Rathaus* nos guetos judeus da Frankfurt ou da Praga no século XVIII, exceto que o cargo destes era oficialmente prescrito em lei e reconhecido pelas autoridades políticas da cidade (ver Ruth Gay, *The Jews of Germany: A Historical Portrait* [introdução de Peter Gay, Nova York, Yale University Press, 1992]).

[25] E. Franklin Frazier, *The Negro in the United States* (Nova York, MacMillan Publishing Company, 1957), p. 262.

[26] Idem, *The Negro Family in the United States* (Chicago, The University of Chicago Press, 1948), p. 232, 234.

[que vedavam aos negros a compra ou o aluguel de moradias nos bairros brancos] foram capazes de frear a expansão da comunidade negra, de acordo com um esquema em harmonia com o crescimento da cidade"[27].

Mas, por outro lado, ele é um observador da vida urbana perspicaz e diligente demais para não reconhecer que "a triagem e o ordenamento da população, das classes socioprofissionais e das instituições" assumem um contorno muito particular no caso dos afro-americanos, porque ocorrem totalmente *dentro dos limites do Cinturão Negro.* Num artigo paradigmático da Escola de Chicago, intitulado "Harlem negro: um estudo ecológico", baseado em seu trabalho como diretor da Comissão Municipal sobre as Causas das Rebeliões de Harlem de 1935, Frazier propõe a seguinte emenda à hipótese ecológica clássica sobre a distribuição espacial das atividades humanas na cidade:

> Quando um grupo racial ou cultural é rigidamente segregado e leva uma vida comunitária mais ou menos independente, tais comunidades locais podem se desenvolver segundo o mesmo esquema de zonas [concêntricas] que a comunidade urbana circundante.[28]

Mas elas fazem isso estritamente dentro dos limites do território separado no qual estão confinadas, e não por toda a extensão da metrópole. Com essa pirueta conceitual, Frazier salva o modelo ecológico, mas deixa sem explicação um fato incômodo e persistente: de todos os grupos etnorraciais (racializados ou não) então presentes nas grandes cidades norte-americanas, somente os negros vivem em um complexo urbano autônomo próprio e cuja organização reflete a da cidade circundante.

August Meier e Elliott Rudwick reiteram o caráter distintivo desse fenômeno em seu vasto relato sobre a epopeia afro-americana. Em *From Plantation to Ghetto*, descrevem em especial como "as estruturas institucionais da comunidade negra – igrejas, clubes, irmandades – eram centradas no gueto" e agiam como

---

[27] Frazier (ibidem) propõe uma aplicação direta da teoria analítica da ecologia urbana de Park e Burgess quando sugere que os esquemas urbanos socioespaciais emergem "por causa da competição pelo espaço quando a população aumenta e a cidade se estende" e "a localização da comunidade negra [nas cidades do Norte], bem como a de outros grupos raciais e culturais, encaixa-se no esquema de organização da comunidade como um todo". Tratava-se de pura ortodoxia chicagoana: lembramos, de fato, que Park e Wirth "acreditavam e ensinavam seus estudantes a acreditar que todos os bairros étnicos eram – ou foram algum dia – guetos, como o Cinturão Negro. Aos olhos deles, os negros eram apenas um grupo étnico entre outros, cuja segregação era em grande parte voluntária e se mostraria apenas provisória" (Thomas Lee Philpott, *The Slum and the Ghetto: Neighborhood Deterioration and Middle-Class Reform, Chicago, 1880-1930* [Nova York, Oxford University Press, 1978], p. 136).

[28] E. Franklin Frazier, "Negro Harlem: An Ecological Study", *American Journal of Sociology*, n. 43, jul. 1937, p. 72-88.

um poderoso mecanismo de atração e de coesão internas[29]. No entanto, e esse ponto merece ser destacado, *a afinidade interna do grupo derivava da hostilidade entre grupos:* "As atitudes de animosidade racial por parte dos brancos, que exigiam a exclusão dos negros das áreas residenciais brancas, foram o fator básico responsável pela criação e expansão dos guetos". E os guetos, por sua vez, favoreceram o surgimento de novas lideranças e dirigentes negros, que inovaram ao desenvolver veículos organizacionais variados para apoiar a defesa dos interesses da comunidade enclausurada. Entre eles estão a Urban League [Liga Urbana], a National Association for the Advancement of Colored People (NAACP) [Associação Nacional para o Progresso das Pessoas de Cor], a Brotherhood of Sleeping Car Porters [Irmandade de Carregadores de Trens Noturnos] e várias associações de ajuda mútua e de solidariedade racial, como a Universal Negro Improvement Association [Associação Universal para Melhoria dos Negros], de Marcus Garvey.

Mas é na dissecação do gueto negro feita por Kenneth Clark em *Dark Ghetto* [Gueto escuro], em meados da década de 1960, que se encontra talvez a formulação mais poderosa da ideia de que o gueto é essencialmente uma materialização organizacional de uma relação de poder assimétrica entre grupos etnorraciais demarcados e conflitantes – não é por acaso que o famoso estudo de Clark, publicado logo após os distúrbios de Watts, tenha como subtítulo "Dilemas do poder social". Essa ideia é confirmada com veemência logo no início do livro:

> A América trouxe para o conceito de gueto o confinamento de pessoas em uma área específica e a limitação de sua liberdade de escolha com base na cor da pele. As paredes invisíveis do gueto negro foram erguidas pela sociedade branca, por aqueles que têm o poder.[30]

A dupla "rejeição baseada na classe e na raça", por parte da sociedade branca dominada pelas classes médias, aparece como a causa original da degradação das moradias, do desemprego astronômico, da instabilidade familiar e da insegurança endêmica, econômica e física, que infestam e caracterizam o gueto como sistema social e constelação psicoemocional[31]. Para definir este último, Clark invoca os

---

[29] August Meier e Elliott Rudwick, *From Plantation to Ghetto* (Nova York, Hill and Wang, 1976), p. 237.

[30] Kenneth B. Clark, *Dark Ghetto: Dilemmas of Social Power* (Middletown, Wesleyan University Press, 1989).

[31] A tese de que as raízes do gueto se encontram na dominação branca foi subsequentemente disseminada pela Comissão Kerner para Desordens Civis, como testemunha essa passagem frequentemente citada de seu retumbante relatório: "O que os norte-americanos brancos nunca compreenderam completamente – mas que os negros nunca podem esquecer – é que a sociedade branca está profundamente implicada no gueto. As instituições brancas o criaram, as instituições brancas o mantêm, e a sociedade branca fecha os olhos para isso" (*The Kerner Report*, cit., p. 2).

idiomas fortemente marcados do colonialismo e da escravidão, duas das mais brutais instituições de violência social, em vez do critério neutro de uma privação de renda: "Os guetos negros são colônias sociais, políticas, educativas e – acima de tudo – econômicas". Consequentemente, seus residentes "são *pessoas subjugadas*, vítimas da ganância, da crueldade, da insensibilidade e do sentimento de culpa e medo de seus senhores"[32].

Finalmente, refletindo sobre a persistência do rígido enclausuramento etnorracial em 1976, Oliver Cromwell Cox[33] sublinha que "o cerne do gueto tende a constituir uma sociedade externa, identificada racialmente", resultado da "tendência a excluir os negros dos processos sociais dominantes [desde] antes da Guerra de Secessão". O ostracismo dos brancos é, segundo o sociólogo de origem jamaicana, a força motriz das relações sociais e dos valores distorcidos que prevalecem entre os negros das cidades:

> Pode-se conceber as patologias culturais do gueto como a projeção do sucesso do poder branco [...]. Não fosse por essa pressão social inerente, não haveria gueto racial; e, não nos esqueçamos que até hoje esse modo de organização não foi posto em xeque. Existem poderosos interesses empenhados em sua perpetuação em todas as partes do país.[34]

Fazer da necessidade política uma virtude conceitual

A combinação única de ostracismo de grupo, duplicação institucional e homogeneidade cultural, reunida e "estancada" durante o entre-guerras, desempenhou um papel-chave no nascimento do *New Negro*[35]. E pesou fortemente sobre a forma e a trajetória peculiares tanto das "relações raciais" como da metrópole nos Estados Unidos. Pois a reclusão territorial e a encapsulação organizacional forçadas dos afro-americanos das cidades aceleraram a fusão da elite mulata com as massas de pele mais escura. Isso gerou uma consciência etnorracial unificada, além de uma cultura urbana distinta, apoiada por instituições que abrangiam todo o grupo e mais tarde funcionariam como a matriz dos movimentos de protesto contra a dominação branca[36].

---

[32] K. B. Clark, *Dark Ghetto*, cit., p. 11, grifo meu.

[33] Oliver Cromwell Cox, *Race Relations: Elements and Social Dynamics* (Detroit, Wayne State University Press, 1976), p. 144.

[34] Ibidem, p. 143.

[35] Nathan Irvin Huggins (ed.), *Voices from the Harlem Renaissance* (Nova York, Oxford University Press, 1976).

[36] Roger D. Abrahams, *Positively Black* (Englewood Cliffs, Prentice Hall, 1970); Aldon Morris, *The Origins of the Civil Rights Movement: Black Communities Organizing for Change* (Nova York, Free Press, 1984).

Desde então, o gueto negro tem sido tanto o berço quanto a prisão da civilização negra norte-americana. Não só dita o destino de milhões de negros pobres das cidades que, ainda hoje, vivem em suas ruínas, como sua presença ameaçadora exerce um impacto constante e multiforme sobre as trajetórias e as experiências dos afro-americanos das classes média e abastada que escaparam do caldeirão urbano de pobreza racializada que são os bairros da *inner city* e cresceram na estrutura de classes e na hierarquia de espaços em torno da qual se organiza a cidade. Também eles vivem na sombra distante e lúgubre do gueto negro, mesmo quando já não residem mais em seu coração histórico: eles geralmente vivem em bairros segregados contíguos ao Cinturão Negro histórico, onde continuam fortemente expostos ao tropismo cultural e à criminalidade de rua que domina este último, e são submetidos à percepção branca dominante, que os julga pelas emblemáticas figuras ameaçadoras do gueto negro contemporâneo, como o integrante de gangues violentas (para os homens) e a mãe solteira devassa e dependente de auxílio social (para as mulheres)[37].

À guisa de conclusão, deve-se enfatizar que a elisão da dimensão etnorracial da relegação urbana pela lenda da "*underclass* do gueto" não é nem acidental nem inocente. Ela é representativa da *supressão crescente do fator racial nas pesquisas orientadas para políticas públicas* ao longo das duas últimas décadas, ao mesmo tempo em que a "Guerra contra a pobreza", promovida por Lyndon Johnson cedia lugar à "Guerra contra o Estado de bem-estar social", lançada por Ronald Reagan e ampliada por seus sucessores[38]. Após a brusca virada à direita do debate político norte-americano, em reação às transformações sociais impulsionadas pela contestação popular nos anos 1960, as políticas públicas que visam a atacar as desigualdades raciais têm sido desqualificadas e arquivadas – com exceção de algumas medidas cosméticas, como a ação afirmativa, criada para cooptar os segmentos privilegiados e politicamente ativos das categorias subordinadas e apaziguar a má-fé racial da esquerda branca. Com o abandono do "sonho integracionista"[39], a divisão racial foi expulsa da agenda nacional e a segregação se viu fora dos limites tanto da discussão quanto da intervenção públicas[40]. Assim, as

---

[37] Ver a etnografia de Mary Pattillo-McCoy, *Black Picket Fences: Privilege and Peril among the Black Middle Class* (Chicago, The University of Chicago Press, 2000), sobre as aspirações, os dilemas e os perigos a que se vê confrontada a pequena burguesia negra de Chicago.

[38] Joel F. Handler, *The Poverty of Welfare Reform* (New Haven, Yale University Press, 1995) e Loïc Wacquant, "Les pauvres en pâture: la nouvelle politique de la misère en Amérique", *Hérodote*, v. 36, n. 2, 1997, p. 48-60.

[39] Gary Orfield, "Race and the Liberal Agenda: The Loss of the Integrationist Dream, 1965--1975", em Margaret Weir, Ann Shola Orloff e Theda Skocpol (eds.), *The Politics of Social Policy in the United States* (Princeton, Princeton University Press, 1988), p. 313-55.

[40] Jerome Miller, em *Search and Destroy: African-American Males in the Criminal Justice System* (Cambridge, Cambridge University Press, 1996), observa que uma supressão similar do fator

políticas de Estado passaram do combate às disparidades etnorraciais e de classe ao acompanhamento de suas consequências pelo desenvolvimento de uma dupla estratégia de indiferença benévola nos escalões superiores da estrutura social e de repressão ativa na base dessa mesma estrutura[41].

A retração conceitual da questão racial no debate sobre a *underclass* não provém do fato de que ela teria se tornado um fator causal menos poderoso na determinação das chances de vida nas regiões inferiores do espaço social norte-americano, mas antes por ser um tópico cuja discussão é considerada inconveniente pelos pesquisadores, que pretendem ser "pertinentes " e "influenciar" as preocupações atuais das elites do Estado. Sua lógica não é intelectual, mas tática; reflete não as limitações cognitivas, mas uma censura política autoimposta, no momento em que o debate público sobre a questão descamba cada vez mais para a direita.

Assim como "grupos", "impostos", "Estado forte", "crime", "Guerra às Drogas" e "reforma da Previdência" funcionaram como uma linguagem em códigos que permitiu aos dirigentes políticos fomentar e recrutar as forças da reação racial e de classe no campo político[42], "*underclass*" e outros termos ostensivamente desracializados, derivados de uma concepção do "gueto" que se baseia na escala de rendimentos, servem para designar (e denunciar) os negros turbulentos e não merecedores, sem ter de apelar para uma linguagem visivelmente "de cor"[43]. Os pesquisadores que ajudaram a efetuar a redução do gueto ao *slum fizeram da necessidade política uma virtude conceitual:* diligentemente apagaram de seu quadro analítico o principal nó causal que o Estado norte-americano teima em não reconhecer, enfrentar e desatar quando se preocupa com as disparidades sociais e a pobreza, a saber: a divisão racial. Assimilar o gueto à extrema pobreza sem menção a seus alicerces etnorraciais faz parte, se não de uma iniciativa intelectual reacional ou reacionária, ao menos de uma *iniciativa de retirada e de aquiescência* à estrutura existente hipersegregada da cidade e da sociedade norte-americanas.

---

racial atingiu as pesquisas recentes sobre a justiça penal sob o efeito de uma polinização cruzada com os trabalhos sobre a *underclass,* enquanto a população carcerária explodia e se "coloria" rapidamente.

41 Ver Loïc Wacquant, "De l'État charitable à l'État pénal: notes sur le traitement politique de la misère en Amérique", *Regards sociologiques,* n. 11, 1996, p. 30-8.

42 Thomas Byrne Edsall e Mary D. Edsall, *Chain Reaction: The Impact of Race, Rights and Takes on American Politics* (Nova York, Norton, 1991).

43 "Termos como 'pobreza', '*inner city*' e 'os verdadeiramente excluídos' [*the truly disadvantaged*] camuflam intencionalmente a verdadeira natureza de sua iniciativa. Assim, assistimos ao espetáculo de um debate nacional sobre a divisão racial que foi purificado de qualquer menção ao fator racial" (Stephen Steinberg, *Turning Back: The Retreat from Racial Justice in American Thought and Policy* [Boston, Beacon Press, 1995], p. 214).

5

As duas faces do gueto

construindo um conceito sociológico

Introdução

É paradoxal que, apesar de terem feito amplo uso de "gueto" como termo *descritivo*, as ciências sociais não tenham conseguido produzir um conceito *analítico* robusto a partir dele. Na historiografia da diáspora judaica nos primórdios da Europa moderna e sob o nazismo, na sociologia da experiência negra norte-americana nas metrópoles do século XX e na antropologia dos párias étnicos na África e na Ásia oriental, ou seja, em seus três campos tradicionais de aplicação, o termo "gueto" remete ora a um setor urbano restrito, ora a uma rede de instituições ligadas a um grupo específico, ora a uma constelação cultural e cognitiva (valores, formas de pensar ou mentalidades) que implica tanto o isolamento sociomoral de uma categoria estigmatizada quanto a amputação sistemática do espaço e das oportunidades de vida de seus integrantes. Mas nenhuma dessas linhas de pesquisa tomou para si o ônus de especificar o que faz do gueto uma forma social, quais de suas características são constitutivas e quais são derivativas. Contentaram-se, a cada momento, em tomar por evidente e adotar o conceito *nativo* em uso na sociedade examinada – o que explica o fato de a noção, que parece óbvia, não aparecer na maioria dos dicionários de ciências sociais.

Uma noção imprecisa e movediça

Dessa maneira, o campo semântico de "gueto" na sociedade e nas ciências sociais norte-americanas – que dominaram a investigação sobre esse tópico tanto no nível quantitativo quanto no nível temático – tem sucessivamente se expandido e se retraído, conforme a maneira como as elites políticas e intelectuais desse país percebiam a espinhosa relação entre etnicidade e pobreza no seio da cidade[1]. Originalmente, na segunda metade do século XIX, o termo designava as concentrações residenciais de judeus europeus nos portos da costa atlântica e distinguia-se claramente da *slum* enquanto zona de deterioração da moradia e cadinho de patologias sociais. Ele expandiu-se durante a era progressista e passou a incluir todos os distritos da *inner city* onde se juntavam os recém-chegados "exóticos", imigrantes oriundos das classes populares do sudeste europeu e afro--americanos fugindo do brutal regime de castas do Sul dos Estados Unidos. Na medida em que refletia as preocupações das classes dirigentes quanto a se esses grupos poderiam ou deveriam se assimilar ao modelo anglo-saxão predominante no país, o termo apontava então para a intersecção entre bairro étnico e *slum*, esse lugar tumultuado onde a segregação se juntava ao abandono físico e à superpopulação, exacerbando assim males urbanos como criminalidade, desintegração familiar e pauperismo, e, com isso, impedindo a participação na vida nacional. Esse conceito recebeu autoridade científica com o paradigma ecológico da Escola de Sociologia de Chicago. Em seu livro clássico, *The Ghetto* [O gueto], Louis Wirth assimila ao gueto judeu da Europa medieval "Pequenas Sicílias, Pequenas Polônias*, Chinatowns e Cinturões Negros de nossas cidades grandes, assim como as "áreas do vício", que abrigam os tipos desviantes, tais como vagabundos, boêmios e prostitutas – todas elas consideradas áreas "naturais", nascidas do desejo universal de diferentes grupos de "preservar suas formas culturais"[2], e cada uma cumprindo uma "função" especializada no seio do organismo urbano geral[3].

A noção de gueto se retraiu após a Segunda Guerra Mundial, sob a pressão do movimento dos direitos civis, e passou essencialmente a significar os enclaves compactos e congestionados a que os afro-americanos eram relegados à força quando migravam para os centros industriais do Norte e do Centro-Oeste. O surgimento de uma "metrópole negra no seio da branca", na qual os negros desenvolviam instituições distintas e paralelas para atenuar e proteger-se da exclusão inflexível imposta pelos brancos[4], destaca-se fortemente da dispersão residencial

---

[1] David Ward, *Poverty, Ethnicity, and the American City, 1840-1925: Changing Conceptions of the Slum and Ghetto* (Cambridge, Cambridge University Press, 1989).

* No original, "Little Sicilies, Little Polands": uma referência aos nomes que alguns bairros étnicos receberam nos Estados Unidos, em relação às regiões ou aos países de onde vieram essas etnias. (N.T.)

[2] Louis Wirth, *The Ghetto* (Chicago, The University of Chicago Press, 1928), p. 6.

[3] Sobre esse ponto, encontra-se uma excelente revisão analítica dos trabalhos da Escola de Chicago em Ulf Hannerz, *Explorer la ville: éléments d'anthropologie urbaine* (Paris, Minuit, 1983), cap. 2, e uma crítica arrasadora de seu naturalismo biologista em John R. Logan e Harvey L. Molotch, *Urban Fortunes: The Political Economy of Place* (Berkeley, University of California Press, 1987), cap. 1.

[4] St. Clair Drake e Horace R. Cayton, *Black Metropolis: A Study of Negro Life in a Northern City* (Chicago, The University of Chicago Press, 1993).

fluida que conheciam os euro-americanos de ascendência estrangeira durante o mesmo período. Escrevendo no ápice das revoltas negras dos anos 1960, Kenneth Clark fez dessa relação de subordinação etnorracial o epicentro de sua análise do *Dark Ghetto* [Gueto escuro]e seus infortúnios:"A América trouxe para o conceito de gueto a restrição de pessoas ao interior de uma área específica e a limitação de sua liberdade de escolha com base na cor da pele. Os muros invisíveis do gueto negro foram erguidos pela sociedade branca, por aqueles que têm o poder"[5]. Esse diagnóstico foi plenamente confirmado pela Comissão Kerner, um grupo de trabalho bipartidário nomeado pelo presidente Lyndon Johnson, cujo célebre relatório oficial sobre as "desordens civis"[6] que abalaram até as profundezas das metrópoles norte-americanas alarmava-se com o fato de que, em razão da intransigência racial dos brancos, a América "caminhasse para duas sociedades, uma negra e outra branca - segregadas e desiguais"[7].

Contudo, nas duas décadas seguintes, o gueto negro ruiu e cedeu lugar a um território de medo e de dissolução, em consequência da desindustrialização e das políticas de Estado de redução da assistência social e da retração urbana. E, ao mesmo tempo em que a dominação racial se tornava cada vez mais difusa e difratada por meio de um prisma de classe, a categoria foi suplantada pela díade formada pelo eufemismo geográfico *inner city* e pelo neologismo *underclass,* definido como o estrato inferior de residentes do gueto minado pelos comportamentos antissociais, desemprego endêmico e isolamento social[8]. Na virada dos anos 1990, a neutralização do conceito de gueto no campo da pesquisa orientada para as políticas públicas culminou com o expurgo de qualquer menção à divisão racial ou às relações de poder que o redefiniam como toda área de pobreza extrema ("contendo mais de 40% de pessoas vivendo abaixo do patamar federal de pobreza"), sem referência alguma a sua composição populacional ou a seu ordenamento institucional, o que equivalia a novamente dissolver o gueto negro no *slum*[9].

---

[5] Kenneth B. Clark, *Dark Ghetto: Dilemmas of Social Power* (Nova York, Harper, 1965), p. 11.

[6] Kerner Commission, *The Kerner Report: The 1968 Report of the National Advisory Commission on Civil Disorders* (Nova York, Pantheon, 1989), p. 2.

[7] Essa expressão se pretendia o eco inverso da sentença histórica da Corte Suprema no caso Plessy v. Ferguson que, em 1896, declarou a segregação racial conforme à Constituição do país, desde que as instituições duais assim criadas fossem "separadas e iguais" (o que nunca foram, tendo a mesma corte se omitido cuidadosamente de especificar qualquer critério de igualdade). Essa sentença forneceu o respaldo jurídico para a instauração de seis décadas de segregação legal nos Estados Unidos, até que a sentença Brown v. Board of Education de 1954 decretou que a separação por si só implica uma desigualdade contrária ao direito constitucional.

[8] William Julius Wilson, *The Truly Disadvantaged: The Inner City, the Underclass and Public Policy* (Chicago, The University of Chicago Press, 1987).

[9] Sobre o paradoxo da "desracialização" do gueto na pesquisa norte-americana recente em razão do tabu político que pesa sobre a contínua segregação dos negros (considerada intocável

A ampliação do termo ao estudo de modelos socioculturais distintos – elaborados para os homossexuais das cidades de sociedades avançadas "em resposta ao estigma e ao mesmo tempo à libertação gay", depois dos distúrbios de Stonewall[10] – e seu ressurgimento na Europa ocidental em acalorados debates científicos e políticos sobre a ligação entre imigração pós-colonial, reestruturação econômica pós-industrial e dualização urbana[11] aparentemente deveriam ter confundido ainda mais seu significado. No entanto, pode-se extrair dessas diferentes literaturas alguns traços comuns e propriedades recorrentes para se construir *um conceito relacional* de gueto como *instrumento de enclausuramento e controle* capaz de esclarecer grande parte da confusão que o cerca e faz dele uma poderosa ferramenta para a análise sociológica da dominação etnorracial e das desigualdades urbanas. Para isso, basta retornar às origens históricas da palavra e do fenômeno descrito por ela na Veneza da Renascença.

As duas faces de uma instituição de enclausuramento e controle étnico

Cunhado por derivação do italiano *giudecca, borghetto* ou *gietto* (do alemão *Gitter* ou do hebreu talmúdico *get*: a etimologia é contestada), a palavra "gueto" se referia inicialmente à consignação forçada de judeus a distritos especiais por parte de autoridades políticas e religiosas da cidade. Na Europa medieval, os judeus eram comumente alocados em bairros onde residiam, administravam seus próprios negócios e viviam segundo seus costumes. Esses distritos eram atribuídos ou vendidos a eles como um privilégio a fim de atraí-los para cidades e principados onde desempenhavam papéis-chave no empréstimo de dinheiro, na coleta de impostos e na organização do comércio ao longo dos anos. No entanto, entre os séculos XIII e XVI, como réplica aos motins causados pelas Cruzadas, o benefício aos poucos se transformou em obrigação[12]. Em 1516, o Senado de Veneza ordenou que todos os judeus fossem reunidos no *ghetto nuovo,* uma fundição abandonada em uma ilha isolada, cercada de dois muros altos cujas janelas e portas externas eram vedadas, enquanto vigias montavam guarda em suas duas pontes e patrulhavam de barco os canais adjacentes. Os judeus tinham

---

pelo Estado), ver Loïc Wacquant, "Gutting the Ghetto: Political Censorship and Conceptual Retrenchment in the American Debate on Urban Destitution", em Malcolm Cross e Robert Moore (eds.), *Globalization and the New City: Migrants, Minorities and Urban Transformations in Comparative Perspective* (Basingstoke, Palgrave, 2002), p. 32-49.

[10] Martin P. Levine, "Gay Ghetto", *Journal of Homosexuality*, v. 4, n. 4, 1979; retomado numa versão ampliada sob o título "'YMCA': The Social Organization of Gay Male Life", em *Gay Macho: The Life and Death of the Homosexual Clone* (Nova York, New York University Press, 1979), p. 30-54, citação da p. 31.

[11] Enzo Mingione (ed.), *Urban Poverty and the Underclass* (Oxford, Basil Blackwell, 1996).

[12] Kenneth R. Stow, *Alienated Minority: The Jews of Medieval Latin Europe* (Cambridge, Harvard University Press, 1992).

autorização para sair durante o dia para exercer suas ocupações, mas tinham de vestir um traje distintivo e retornar para o interior do recinto antes do pôr do sol, sob pena de graves punições. Essas medidas foram criadas como alternativa à expulsão, de maneira que a cidade-Estado pudesse colher os benefícios econômicos trazidos pela presença dos judeus (entre eles os aluguéis, as taxas especiais e os descontos forçados) e, ao mesmo tempo, proteger seus habitantes cristãos do contato contaminador com corpos considerados sujos e perigosamente sensuais, sifilíticos e vetores da heresia, além da mácula do lucro pela usura que a Igreja Católica igualava então à prostituição[13].

Enquanto o modelo veneziano se expandia pelas cidades da Europa e pela bacia do Mediterrâneo[14], a fixação e o isolamento territorial levaram, por um lado, à superpopulação, à deterioração das moradias, ao empobrecimento e a um aumento de morbidade e de mortalidade e, por outro, ao florescimento institucional e à consolidação cultural, na medida em que os judeus urbanos responderam à multiplicação das restrições cívicas e profissionais com uma densa rede de organizações específicas que serviam de instrumento de socorro coletivo e solidariedade: desde mercados e associações comerciais até sociedades beneficentes e de ajuda mútua, passando por locais de culto religioso e de estudo. O *Judenstadt* de Praga, o maior gueto da Europa no século XVIII, tinha sua própria prefeitura – o *Rathaus*, símbolo da relativa autonomia e da força comunitária de seus residentes –, e suas sinagogas se encarregavam não só da direção espiritual como da supervisão administrativa e judicial da população. A vida social do gueto judeu era voltada para seu interior e tendia à "sobreorganização"[15], de maneira que reforçava tanto a integração interior como o isolamento em relação ao exterior.

Pode-se distinguir nesse momento inaugural os quatro elementos constitutivos do gueto, isto é, o *estigma*, a *coerção*, o *confinamento espacial* e o *encapsulamento* [*encasement*] *institucional*. O gueto é um dispositivo socioorganizacional que usa o espaço com o fim de conciliar dois objetivos antinômicos: 1) maximizar os lucros materiais extraídos de um grupo visto como pervertido e perversor e 2) minimizar qualquer contato íntimo com seus membros, a fim de evitar a ameaça de corrosão e de contágio simbólicos, dos quais supostamente são portadores. Esta mesma exigência dual de *exploração econômica* e de *ostracismo social* dominou a gênese, a estrutura e o funcionamento do gueto afro-americano das metrópoles fordistas durante a maior parte do século XX. Com o estouro

---

[13] Richard Sennett, "Fear of Touching", em *Flesh and Stone: The Body and the City in Western Civilization* (Nova York, W. W. Norton, 1994), cap. 7, p. 212-51, especialmente p. 224.

[14] Paul Johnson, "Ghetto", em *A History of the Jews* (Nova York, Harper Perennial, 1987), p. 230-310, especialmente p. 235-45.

[15] Louis Wirth, *The Ghetto*, cit., p. 62.

da Primeira Guerra Mundial, os negros foram recrutados pelas cidades do Norte dos Estados Unidos porque sua força de trabalho não qualificada era indispensável nas fábricas que formavam a base da economia industrial em expansão. Mas estava fora de cogitação que eles se misturassem com os brancos ou frequentassem estes últimos na esfera privada, visto que os brancos os consideravam congenitamente vis, intrinsecamente inferiores e desprovidos de honra étnica em virtude da abjeção original da escravidão. Quando os negros do Sul chegaram aos milhões às cidades para nelas viver, a hostilidade branca aumentou e as práticas de discriminação e de segregação, que até então eram relativamente informais e incoerentes, endureceram em relação à moradia, à escola e aos equipamentos públicos, até se estenderem à economia e à política[16]. Os afro-americanos então não tiveram outra escolha senão buscar refúgio no perímetro restrito do Cinturão Negro e tentar desenvolver ali uma rede de instituições próprias, capaz de satisfazer as necessidades básicas da comunidade exilada. Surgiu, assim, uma cidade paralela, ancorada em igrejas e jornais negros, lojas maçônicas e clubes de bairros negros, escolas e empresas negras, associações políticas e civis negras, aninhada no coração da metrópole branca e, no entanto, hermeticamente separada dela por uma cerca intransponível, feita de costumes, pressão legal, discriminação econômica (por agentes imobiliários, bancos e Estado) e violência, que se manifestava em agressões e espancamentos, incêndios punitivos e levantes contra aqueles que ousavam se aventurar do outro lado da linha de demarcação racial [*color line*].

Esse paralelismo institucional imposto, baseado em um isolamento espacial englobante e inflexível – e não na pobreza extrema, na degradação da moradia, na diferença cultural ou na simples separação residencial –, é o que distingue os afro-americanos de todos os outros grupos na história dos Estados Unidos, como já destacaram os principais especialistas da experiência urbana negra, de W. E. B. Du Bois e E. Franklin Frazier a Kenneth Clark e Oliver Cox, passando por St. Clair Drake e Cayton[17]. Ele também caracteriza a trajetória dos Burakumin nas cidades japonesas após o fim da era Tokugawa[18]. Na condição de descendentes dos *eta*, a mais baixa das quatro castas que formavam a hierarquia feudal japonesa, os Burakumin eram intocáveis aos olhos das religiões budista e xintoísta; eram confinados por lei em vilarejos afastados (*buraku*), do pôr-do-sol até o

---

[16] Allan H. Spear, *Black Chicago: The Making of a Negro Ghetto, 1890-1920* (Chicago, The University of Chicago Press, 1968); Gilbert Osofsky, *Harlem: The Making of a Ghetto – Negro New York, 1890-1930* (2. ed., Nova York, Harper and Row, 1971).

[17] Loïc Wacquant, "Une ville noire dans la blanche: le ghetto étasunien revisité", *Actes de la recherche en sciences sociales*, n. 160, dez. 2005, p. 22-31.

[18] Mikiso Hane, *Peasants, Rebels, and Outcastes: The Underside of Modern Japan* (Nova York, Pantheon, 1982).

raiar do dia, obrigados a usar uma coleira amarela e a andar descalços, a ficar de quatro quando se dirigiam aos passantes e a casar somente entre eles. Apesar de oficialmente emancipados em 1871, ao migrarem para as cidades eram encaminhados contra sua vontade aos bairros mal-afamados, próximos aos depósitos de lixo, aos crematórios, às prisões e aos abatedouros, e vistos comumente como ninhos de criminalidade e de imoralidade. Eram excluídos dos empregos da indústria e consignados às tarefas sujas e aos cargos mal-remunerados; estudavam em escolas separadas e eram compelidos à endogamia por causa da mácula indelével de seu sangue, tal como fora repertoriada nos "registros de família"[19]. No fim dos anos 1970, a Liga de Defesa dos Burakumin estimava que havia 3 milhões deles, todos confinados nos seis mil guetos espalhados pelas mil cidades da ilha principal.

Dispersos por três continentes e cinco séculos, os casos dos judeus, dos afro-americanos e dos Burakumin demonstram que o gueto não é, *a despeito de* Wirth[20], uma "área natural", cuja formação resultaria de um processo de adaptação ao ambiente governado por uma lógica biótica "semelhante à cooperação competitiva em que se baseia a comunidade vegetal". O erro da primeira Escola de Chicago consistiu em "converter história em história natural" e tomar a guetoização por uma "manifestação da natureza humana", virtualmente coextensiva à "história das migrações"[21], quando na verdade é uma forma muito peculiar de urbanização modificada por relações assimétricas de poder entre grupos etnorraciais: uma forma especial de *violência coletiva concretizada no e pelo espaço urbano*. O fato de a guetoização não ser um processo "descontrolado e desintencional", como afirmava Robert E. Park em seu prefácio a *The Ghetto*, de Louis Wirth[22], foi demonstrado de maneira particularmente estrondosa após a Segunda Guerra Mundial, quando o gueto negro norte-americano foi reconstruído "de cima" pelo Estado por meio de políticas de habitação pública, renovação urbana e desenvolvimento econômico das zonas periféricas, que visavam a consolidar a rígida separação entre negros e brancos[23]. É ainda mais flagrante com o exemplo das "cidades de castas" construídas pelos poderes coloniais para demarcar no espaço a organização étnica hierárquica de suas possessões além-mar, como em Rabá, no Marrocos, sob o domínio francês, ou a Cidade do Cabo depois da apro-

19 George DeVos e Hiroshi Wagatsuma (eds.), *Japan's Invisible Race: Caste in Culture and Personality* (Berkeley, University of California Press, 1966).

20 Louis Wirth, *The Ghetto*, cit., p. 284-5.

21 Ibidem, p. 285.

22 Ibidem, p. viii.

23 Arnold Hirsch, *Making the Second Ghetto: Race and Housing in Chicago, 1940-1960* (Cambridge, Cambridge University Press, 1983).

vação das Group Areas Acts [Leis de Áreas de Grupos] durante o regime de apartheid na África do Sul[24].

Reconhecer que o gueto é o produto e o instrumento de um poder de grupo permite perceber que, em sua forma completa, ele é uma *instituição de duas faces*, na medida em que cumpre funções opostas para os dois coletivos que ele une em uma relação assimétrica de dependência. Para a categoria dominante, sua razão de ser é *confinar e controlar*, o que se traduz pelo que Max Weber chama de "cercamento excludente" da categoria dominada. Para esta última, no entanto, trata-se de um *instrumento de integração e de proteção*, na medida em que livra seus membros do contato constante com os dominadores e estimula a colaboração e a construção comunitária dentro da esfera restrita das relações por ele criada. O isolamento imposto em relação ao exterior leva à intensificação do intercâmbio social e da partilha cultural no interior. Os guetos são o produto de uma dialética móvel e tensa entre hostilidade externa e afinidade interna, que se traduz no nível da consciência coletiva pela ambivalência. Assim, embora os judeus europeus protestassem com frequência contra sua relegação a distritos párias, eles eram profundamente ligados a esses lugares e apreciavam a relativa segurança que estes lhes proporcionavam, bem como as formas especiais de vida coletiva que eles desejavam: o gueto de Frankfurt, no século XVIII, não era "apenas um cenário de confinamento e perseguição, mas um lugar onde os judeus estavam inteira e supremamente em casa"[25]. Do mesmo modo, os negros norte-americanos sentiam-se orgulhosos de ter "construído uma comunidade a sua própria imagem", ainda que se ressentissem do fato de tê-la feito por necessidade, coagidos por uma exclusão inflexível por parte dos brancos, cujo objetivo era espantar o fantasma da "igualdade social", isto é, a miscigenação[26]. [Ver na página seguinte, "Eu gosto do Harlem porque ele me pertence".]

Distinguir probreza, segregação e aglomeração étnica

Articular o conceito de gueto permite-nos distinguir as relações entre guetoização, pobreza urbana e segregação e, assim, precisar as diferenças estruturais e funcionais entre guetos e bairros étnicos. Também nos leva a salientar o papel do gueto como incubador simbólico e matriz de produção de uma identidade maculada no sentido de Goffman[27].

---

[24] Janet L. Abu-Lughod, *Rabat: Urban Apartheid in Morocco* (Princeton, Princeton University Press, 1980); John Western, *Outcast Cape Town* (Minneapolis, University of Minnesota, 1981).

[25] Ruth Gay, *The Jews of Germany: A Historical Portrait* (New Haven, Yale University Press, 1992), p. 67.

[26] St. Clair Drake e Horace R. Cayton, *Black Metropolis*, cit., p. 115.

[27] Erving Goffman, *Stigma: Notes on the Management of Spoiled Identity* (Nova York, Simon & Schuster, 1963).

"Eu gosto do Harlem porque ele me pertence"

Esse sentimento de estar em casa no gueto, num espaço protegido e protetor, é expresso com verve na novela de desventuras cotidianas de Jesse B. Semple, ou Simple, o personagem criado pelo poeta Langston Hughes para dar voz às aspirações dos negros norte-americanos das cidades da metade do século XX. Assim, quando fala a respeito de Harlem: "É tão cheio de negros que me sinto protegido. – De quê? – Dos brancos, diz Simple. Eu gosto do Harlem porque ele me pertence. [...] Você diz que os prédios não são meus. Bom, mas as calçadas são – e cuidado para não trombar comigo. Nem os policiais se atrevem a dizer: 'Circulando'. Os distúrbios do Harlem ensinaram umas coisinhas a eles[28]. [...] Não tenho medo de voltar, isso é outra coisa que gosto no Harlem. [...] As pessoas são amigáveis no Harlem. Sinto como eu se tivesse o mundo numa garrafa e a rolha na minha mão! Então vamos brindar à saúde do Harlem!"[29]

"It's so full of Negroes, I feel like I got protection." – "From what?" – "From white folks", said Simple. I like Harlem because it belongs to me. [...] You say the houses ain't mine. Well, the sidewalk is – and don't you push me off. The cops don't even say 'Move on', hardly no more. They learned something from them Harlem riots. [...] Here I ain't scared to vote – that's another thing I like about Harlem. [...] Folks is friendly in Harlem. I feel like I got the world in a jug and the stopper in my hand! So drink a toast to Harlem!".

1. *A pobreza é uma característica frequente, porém derivada e variável dos guetos:* o fato de a maioria dos guetos terem sido historicamente lugares de miséria endêmica e não raro extrema, em razão da carência de espaço, da densidade demográfica, da exploração econômica e dos maus-tratos generalizados contra seus residentes, não implica que um gueto seja necessariamente um lugar de penúria ou um lugar uniformemente deserdado. O *Judengasse* de Frankfurt, instituído em 1490 e abolido em 1811, passou tanto por períodos de prosperidade como de penúria e continha setores de extraordinária opulência, depois que os judeus da Corte ajudaram a cidade a se tornar um vibrante centro de troca e finanças – parte do prestígio que até hoje se associa a ele vem do fato de ter sido o lar ancestral da dinastia dos Rothschild[30]. James Weldon Johnson afirmou que o Harlem dos

---

[28] Em 1935 e 1943, os habitantes do Harlem se revoltaram contra a exclusão racial que se tornara insuportável por causa da recessão econômica acarretada pela Grande Depressão (Cheryl Lynn Greenbert, *Or Does it Explode? Black Harlem in the Great Depression* [Nova York, Oxford University Press, 1991]).

[29] James Langston Hughes, *Simple Stakes a Claim* (Nova York, Harcourt, Brace, Jovanovich, 1957), p. 20-1.

[30] Louis Wirth, *The Ghetto*, cit., cap. 4.

anos 1930 não era "um *slum* ou periferia [*fringe*]", mas a "capital cultural" da América negra, na qual "as vantagens e as perspectivas dadas ao homem negro eram maiores do que em qualquer outro lugar do país"[31]. Da mesma forma, o "Bronzeville" de Chicago, na metade do século XX, era muito mais próspero que as comunidades negras do Sul e abrigava a burguesia afro-americana mais vasta e mais rica da época[32]. O fato de um gueto ser pobre ou não depende de fatores exógenos, como a demografia, a ecologia, as políticas públicas do Estado e o desempenho da economia circundante.

Por outro lado, nem todas as áreas deserdadas e dilapidadas são necessariamente guetos. Os bairros brancos decadentes das cidades atingidas pela desindustrialização do Centro-Oeste norte-americano e as Midlands britânicas, as cidades rurais abandonadas da ex-Alemanha oriental e do sul da Itália, as mal-afamadas *villa miserias* da grande Buenos Aires do fim do século XX são territórios de regressão econômica e de decomposição operária, e não contêineres étnicos fadados a reter um grupo pária numa relação de subordinação segregativa[33]. Seja qual for seu grau de pobreza, eles não são guetos, a não ser num sentido puramente metafórico – se índices extremos de pobreza fossem suficientes para constituir um gueto, então faixas inteiras da União Soviética e a maioria das cidades do Terceiro Mundo seriam guetos gigantescos. As *favelas** das metrópoles brasileiras são frequentemente descritas como focos segregados de desolação e desorganização, mas, quando observadas, revelam-se bairros operários dotados de uma rede finamente estratificada de elos tanto com a indústria quanto com os bairros ricos, aos quais fornecem mão de obra para serviços domésticos. Como nos *ranchos* da Venezuela e nas *poblaciones* do Chile, as famílias que vivem nessas áreas de habitação informal cobrem toda a gama de categorias de "cor" e têm laços genealógicos fortes com as famílias mais abastadas; elas são "não social e culturalmente marginalizadas, mas estigmatizadas e excluídas de um sistema de classes fechado"[34].

Dado que nem todos os guetos são pobres e nem todas as áreas pobres são guetos, não se pode reduzir e confundir a análise da guetoização com o estudo dos *slums* urbanos e dos bairros operários das cidades. Esse é um erro elementar, cometido por todos os observadores que, tendo em mente uma vaga imagem

---

[31] James Weldon Johnson, *Black Manhattan* (Nova York, Da Capo, 1981), p. 4.

[32] St. Clair Drake e Horace R. Cayton, *Black Metropolis*, cit.

[33] Ver, por exemplo, o caso de Buenos Aires analisado por Javier Auyero, *Poor People's Politics: Peronist Survival Networks and the Legacy of Evita* (Durham, Duke University Press, 2000).

* Em português no original. (N. E.)

[34] Janice Perlman, *The Myth of Marginality: Urban Poverty and Politics in Rio de Janeiro* (Berkeley, University of California Press, 1976), p. 195; Aníbal Quijano, "Notas sobre el concepto de marginalidad social. Santiago de Chile", *Commission for Latin American Report*, 1968.

do gueto negro norte-americano como um território de desolação urbana, concluem pela "guetoização" das áreas populares da periferia urbana na Europa, tomando como base o crescimento comprovado do desemprego e da miséria, do suposto aumento da segregação ou, pior, adotando as impressões efêmeras de seus habitantes (se basta estes últimos usarem a linguagem do "gueto" para que os bairros onde moram sejam *eo ipso* guetos, bastaria então que eles mudassem seu discurso para inverter a "guetoização"!).

2. Se todos os guetos são segregados, nem todas as áreas segregadas são guetos: os bairros burgueses do Oeste de Paris, os subúrbios chiques das classes altas de Boston, Berna ou Berlim, e as *gated communities* [condomínios fechados] que proliferam em cidades globais como São Paulo, Toronto e Miami são uniformes em termos de riqueza, renda, profissão e mesmo de composição étnica, mas nem por isso são guetos. A segregação nesse caso é inteiramente voluntária e eletiva e, por isso mesmo, não é nem inclusiva, nem perpétua. Os enclaves de luxo fortificados reúnem "segurança, isolamento, homogeneidade social, equipamentos e serviços" que permitem às famílias burguesas escaparem do que elas consideram "o caos, a sujeira e os perigos da cidade"[35]. Essas ilhas de privilégio servem para aumentar, e não diminuir, as chances de vida e para proteger o modo de viver de seus residentes; elas são rodeadas por uma aura positiva de distinção, e não por um sentimento de infâmia ou temor.

Isso indica que a segregação residencial é uma condição necessária, mas não suficiente, para a guetoização. Para que surja um gueto, é preciso, em primeiro lugar, que o confinamento espacial seja *imposto* e abranja, por pouco que seja, todos os campos da existência e, em segundo lugar, que se sobreponha a ele uma série distintiva de instituições duplicativas que permitam ao grupo isolado perpetuar-se dentro dos limites do perímetro que lhe foi estabelecido. Se os negros são o único grupo étnico a ser "hipersegregado" na sociedade norte-americana, segundo a expressão de Massey e Denton[36], é porque eles são a única comunidade a ter acumulado segregação involuntária e paralelismo organizacional, o que os fez cair na armadilha de um cosmos social separado e inferior que era próprio deles, mas que, em troca, reforçou seu isolamento residencial.

O fato de a segregação involuntária na base da ordem urbana não produzir guetos *eo ipso* é demonstrado pelo destino das periferias francesas em decadência depois dos anos 1980. Apesar de serem amplamente descritas e depreciadas como "guetos" pelo discurso público e de seus habitantes compartilharem um

---

[35] Teresa Caldeira, *City of Walls: Crime, Segregation and Citizenship in São Paulo* (Berkeley, University of California Press, 2000), p. 264-5. [Ed. bras.: *Cidade de muros: crime, segregação e cidadania em São Paulo*, São Paulo, Edusp/Editora 34, 2000.]

[36] Douglas Massey e Nancy Denton, *American Apartheid: Segregation and the Making of the Underclass* (Cambridge, Harvard University Press, 1992).

vivo sentimento de rejeição em um "espaço de punição", dominado pelo tédio, pela angústia e pelo desespero[37], a relegação a essas concentrações de moradias públicas abandonadas na periferia das cidades baseia-se prioritariamente na classe e não na etnia (prova disso é que seus habitantes, mesmo os estrangeiros, quando sobem na escala profissional e financeira, não têm dificuldades para escapar dali): segue-se que elas são fundamentalmente heterogêneas no plano cultural, e abrigam de forma modal tanto famílias francesas nativas como imigrantes de duas ou três dezenas de nacionalidades; e seus habitantes sofrem não de duplicação institucional, mas, ao contrário, da falta de uma estrutura organizacional própria, que seja capaz de sustentá-los na ausência de empregos rentáveis e de serviços públicos adequados. Como as *inner cities* britânicas ou holandesas e os conglomerados de imigrantes da Alemanha e da Itália urbanas, as periferias populares francesas são, sociologicamente falando, *antiguetos*[38].

Há um único caso no velho continente que se assemelha hoje a uma dinâmica clássica de guetoização segundo as quatro dimensões especificadas aqui: os *roms* da Europa do Leste após a queda das sociedades sob a hegemonia soviética e a "transição" para a economia de mercado[39]. Os comentaristas franceses que, levados pelo humor político e pelos rumores midiáticos, se preocupam com o surgimento de supostos "guetos imigrantes" no lugar dos bairros operários decadentes da periferia urbana aliam confusão conceitual a amnésia histórica.

De um lado, confundem território de pobreza (ou degradação das moradias e da imagem coletiva) com segmentação étnica, e tomam uma simples segregação, produto conjunto do nível de classe e da origem etnonacional, por um paralelismo institucional (cuja ausência é oportunamente mascarada pela indigesta e indefinida categoria de "comunitarismo"). De outro, esquecem-se, de forma cômoda, que as populações etnicamente marcadas, oriundas do império colonial, eram mais segregadas espacialmente e mais isoladas socialmente nos anos 1960 e 1970 do que são hoje, e levavam vidas paralelas, encerradas em um setor restrito do mercado de trabalho sem qualificação e em instituições próprias nos subúrbios e nos conjuntos habitacionais da Sonacotra[40]. Ao contrário do gueto norte-americano, é justamente essa mistura de populações autóctones e imigrantes na base da estrutura de classes e lugares – e

---

[37] Colette Pétonnet, *Espaces habités: ethnologie des banlieues* (Paris, Galilée, 1982).

[38] Loïc Wacquant, *Os condenados da cidade: um estudo sobre a marginalidade avançada* (Rio de Janeiro, Revan, 2001). [Ed. esp.: *Parias urbanos: marginalidad en la ciudad*, Buenos Aires, Ediciones Manantial, 2001.]

[39] Nicolae Gheorghe, "Roma-Gypsy Ethnicity in Eastern Europe", *Social Research*, v. 58, n. 4, 1991, p. 829-44; Ivan Szelényi e Janos Ladányi, *A Kirekesz-tettseg Valtozo Formai* (Budapeste, Napvilag, 2004); Janos Ladányi e Ivan Szelényi, "La formation d'un sous-prolétariat rom", *Actes de la recherche en sciences sociales*, n. 160, dez. 2005.

[40] Abdelmalek Sayad e Éliane Dupuy, *Un Nanterre algérien, terre de bidonvilles* (Paris, Autrement, 1995).

o correlato acúmulo de disparidades que os separam no contexto de decomposição estrutural e funcional dos "territórios operários" – que é a fonte das tensões e conflitos que hoje marcam essas zonas urbanas.[41]

3. Guetos e bairros étnicos têm estruturas divergentes e funções opostas: é preciso ir além da perspectiva "gradualista" e examinar o ordenamento peculiar das relações sociais, não só no gueto, mas também entre este e a cidade circundante para destacar as diferenças entre o gueto e os agrupamentos étnicos ou os bairros de imigrantes tal como os formaram os recém-chegados às metrópoles de inúmeros países. As "colônias" estrangeiras da Chicago do entre-guerras que Robert Park, Ernest Burgess e Louis Wirth – e, depois deles, a tradição dita progressista [*liberal*] da sociologia e da historiografia assimilacionista – tomaram por engano por guetos brancos eram, na verdade, constelações dispersas e móveis, advindas da afinidade cultural e da concentração socioprofissional. A segregação aí era parcial e porosa, produto da solidariedade entre imigrantes e da atração étnica: não foi imposta pela hostilidade implacável de grupos externos. Como consequência, a separação residencial não era nem uniforme nem rigidamente aplicada a essas populações: em 1930, enquanto o "Bronzeville" totalmente negro abrigava 92% da população afro-americana de Chicago, o bairro da "Little Ireland" era uma "salada étnica" [*ethnic hodge-podge*] de 25 nacionalidades, composta por apenas um terço de irlandeses e por um irrisório total de 3% dos habitantes de ascendência irlandesa da cidade[42].

Além disso, as instituições distintivas dos enclaves de imigrantes europeus voltavam-se para fora: elas funcionavam de maneira que a adaptação ao novo ambiente da metrópole norte-americana fosse facilitada. Elas não reproduziam as organizações do país de origem, tampouco perpetuavam o isolamento social e a separação cultural. Por isso, elas geralmente desapareciam em duas gerações, à medida que os usuários obtinham acesso aos equivalentes norte-americanos e galgavam a ordem das classes e, em seguida, a escala dos lugares correspondentes a estas[43] (um processo similar de difusão espacial por meio da incorporação de classe é relatado por Gérard Noiriel no caso dos imigrantes belgas, italianos, poloneses e espanhóis nas cidades industriais francesas na primeira metade do século XX[44]). Tudo isso contrasta com a imutável exclusividade racial e com

---

[41] Loïc Wacquant, "Urban Oucasts: Stigma and Division in the Black American Ghetto and the French Urban Periphery", *International Journal of Urban and Regional Research*, v. 17, n. 3, set. 1993, p. 366-83.

[42] Thomas Lee Philpott, *The Slum and the Ghetto: Neighborhood Deterioration and Middle-Class Reform, Chicago, 1880-1930* (Nova York, Oxford University Press, 1978), p. 141-5.

[43] Humbert S. Nelli, *Italians in Chicago, 1880-1930: A Study in Ethnic Mobility* (Nova York, Oxford University Press, 1970).

[44] Gérard Noiriel, *Le creuset français* (Paris, Seuil, 1988).

a alteridade institucional perene do Cinturão Negro. O exemplo de Chicago ilustra com clareza o fato de que o bairro de imigrantes e o gueto exercem duas funções diametralmente opostas: o primeiro é um trampolim para a *assimilação* por meio do aprendizado cultural e da mobilidade socioespacial; o segundo é um "pavilhão" de isolamento material e simbólico, direcionado para a *dissimilação*. O primeiro pode ser representado pela figura da ponte, o segundo pela do muro[45].

Uma máquina de produzir identidades maculadas

O gueto não é só o meio concreto e a materialização da dominação etnorracial pela segmentação espacial da cidade; é também uma poderosa *máquina de identidade coletiva*. De fato, contribui para incrustar e elaborar a própria divisão de que é expressão e, isso, de duas formas que se completam e se reforçam mutuamente.

Em primeiro lugar, o gueto acentua a fronteira entre a categoria pária e a população circundante, aprofundando o fosso sociocultural que as separa: torna seus habitantes objetiva e subjetivamente mais dessemelhantes dos outros residentes urbanos ao submetê-los a condições e condicionamentos únicos, de maneira que os tipos de cognição e de comportamento que eles criam têm todas as chances de serem percebidos por observadores externos como singulares, exóticos e mesmo aberrantes[46] – o que, em troca, alimenta os preconceitos em relação a eles. Em segundo lugar, o gueto é um motor de combustão cultural que faz ruir as divisões no seio do grupo confinado e alimenta o orgulho coletivo, ao mesmo tempo em que enraíza o estigma ao maculá-lo. O fato de cair em uma armadilha espacial e institucional atenua as diferenças de classe e corrói as distinções culturais dentro das categorias etnorraciais em exílio. Assim, o ostracismo cristão fundiu os judeus asquenazes e os sefaraditas em uma mesma identidade judaica abrangente, de modo que eles desenvolveram um "tipo social" e um "estado de espírito" comuns a todos os guetos, de uma ponta a outra da Europa[47]. Da

---

[45] Para uma demonstração detalhada da divergência profunda entre o gueto negro e as "colônias" de imigrantes europeus da primeira metade do século XX (judeus dos países do Leste, poloneses, italianos e irlandeses), ler Stanley Lieberson, *A Piece of the Pie: Blacks and White Immigrants since 1880* (Berkeley, University of California Press, 1980); John Bodnar, Roger Simon e Michael P. Weber, *Lives of their Own: Blacks, Italians, and Poles in Pittsburgh, 1900-1960* (Urbana, University of Illinois Press, 1982); Olivier Zunz, *The Changing Face of Inequality: Urbanization, Industrial Development, and Immigrants in Detroit, 1880-1920* (Chicago, The University of Chicago Press, 1986); e Gary Gerstle, *American Crucible: Race and Nation in the Twentieth Century* (Princeton, Princeton University Press, 2001), especialmente cap. 5.

[46] Richard Sennett, "Fear of Touching", cit., p. 244; William Julius Wilson, *The Truly Disavantaged*, cit., p. 7-8.

[47] Louis Wirth, *The Ghetto*, cit., p. 71-88; idem, "The Ghetto", em Albert J. Reiss Jr. (ed.), *On Cities and Social Life* (Chicago, The University of Chicago Press, 1964), p. 84-98.

mesma maneira, o gueto afro-americano acelerou a fusão sociossimbólica de mulatos e negros em uma "raça" unificada e transformou a consciência racial em um fenômeno de massa, alimentando a mobilização da comunidade contra a perpetuação da exclusão de casta[48].

Contudo, essa identidade unificada não pode deixar de ser marcada pela ambivalência, na medida em que continua manchada pelo próprio fato de a "guetoização" proclamar o que Weber chama de "avaliação negativa de honra" conferida ao grupo confinado. Ela tende, como consequência, a promover entre seus membros sentimentos de dúvida e de ódio contra si mesmos, a dissimulação de suas origens por meio do *passing*, a desvalorização perniciosa dos seus e até uma identificação fantasiosa com o grupo dominante[49]. E, porque a guetoização está, de forma típica, estreitamente ligada à etnia, à segregação e à pobreza, é difícil discernir de modo empírico quais das propriedades exibidas pelos habitantes do gueto são "traços culturais próprios ao gueto" (*ghetto-specific*), em oposição às propriedades que são a expressão de uma classe, de uma comunidade ou de um tipo de masculinidade[50]. As formas culturais criadas dentro do gueto também atravessam suas fronteiras e circulam na sociedade circundante, onde com frequência se tornam marcadores ostensivos de um espírito de rebelião cultural e de excentricidade social – como mostra a fascinação dos adolescentes burgueses do mundo inteiro pelo estilo *gangster rap* negro norte-americano. Isso dificulta uma distinção clara entre as constelações culturais que efetivamente têm validade entre os habitantes do gueto e a imagem pública destas que é difundida na sociedade global (inclusive por meio de publicações acadêmicas).

É útil pensar a respeito do gueto e do bairro étnico como *duas configurações típicas ideais situadas nas extremidades opostas* de um *continuum* em que diferentes grupos podem ser situados ou se deslocar no decorrer do tempo, dependendo da intensidade com que os vetores do estigma, da coerção, do confinamento espacial e da duplicação institucional se cristalizam e se implicam umas nas outras. A guetoização pode então ser concebida como um *processo variável e multinível* que requer uma análise comparativa e uma especificação empírica. Ela pode se atenuar até o ponto em que, em virtude da erosão gradual de suas fronteiras espaciais, sociais e mentais, o gueto se reduz gradualmente a uma concentração étnica eletiva, que funciona como trampolim para a integração estrutural e/ou assimilação cultural dentro da formação social que o engloba.

---

48 St. Clair Drake e Horace R. Cayton, *Black Metropolis*, cit., p. 390.

49 Kenneth B. Clark, *Dark Ghetto*, cit., p. 63-7.

50 Ulf Hannerz, *Soulside: Inquiries into Ghetto Culture and Community* (Nova York, Columbia University Press, 1969), p. 79.

Esse esquema descreve bem a trajetória das "Chinatowns" norte-americanas do começo ao fim do século XX[51] e o *status* do enclave imigrante cubano em Miami, que promoveu a integração por meio do biculturalismo, após o êxodo de Mariel em 1980[52]. Também caracteriza as "Kimchee Towns", para as quais convergiram os coreanos das áreas metropolitanas do Japão e que exibem uma mistura de características que fazem delas uma formação híbrida de gueto e aglomeração étnica[53]: são lugares de infâmia que resultaram da hostilidade e da coerção, mas sua população se tornou etnicamente variegada ao longo dos anos e permitiu que os coreanos entrassem em contato com seus vizinhos japoneses, se casassem com eles e obtivessem a cidadania japonesa por meio da naturalização. Esse esquema condiz também com o suposto "gueto gay" – é mais adequado qualificá-lo de "comunidade quase-étnica", já que "a maioria dos homossexuais pode passar despercebida e não tem nenhuma necessidade de se confinar à interação com os 'seus semelhantes'", e nenhum deles é forçado a residir em uma área de concentração visível de instituições gays[54].

O caráter bifacial do gueto – ao mesmo tempo arma e escudo – implica que, na medida em que mínguam seus graus de completude e de autonomia institucionais, seu papel protetor para o grupo subordinado diminui e corre o risco de ser engolido por sua modalidade excludente. Nos casos de figura em que seus habitantes deixam de ter um valor econômico para o grupo dominante, o encapsulamento etnorracial pode intensificar-se a ponto de o gueto servir apenas como simples dispositivo de estocagem do grupo maculado ou para prepará-lo para essa forma derradeira de ostracisação que é a aniquilação física. O primeiro cenário corresponde à evolução do "hipergueto" negro norte-americano no apogeu do Movimento dos Direitos Civis dos anos 1960: tendo perdido sua função de reservatório de força de trabalho sem qualificação, ele ligou-se de maneira simbiótica ao sistema carcerário hipertrofiado dos Estados Unidos por uma tripla relação de homologia estrutural, suplência funcional e fusão cultural[55]. O segundo cenário é o que foi implantado pela Alemanha nazista, que restabe-

---

[51] Min Zhou, *Chinatown: The Socio-Economic Potential of an Urban Enclave* (Filadélfia, Temple University Press, 1992).

[52] Alejandro Portes e Alex Stepick, *City on the Edge: The Transformation of Miami* (Berkeley, University of California Press, 1993).

[53] George De Vos e Deakyun Chung, "Community Life in a Korean Ghetto", em Changsoo Lee e George De Vos, *Koreans in Japan: Ethnic Conflict and Accomodation* (Berkeley, University of California Press, 1981), p. 225-51.

[54] Stephen O. Murray, "The Institutional Elaboration of a Quasi-Ethnic Community", *International Review of Modern Sociology*, n. 9, jul. 1979, p. 165-77.

[55] Loïc Wacquant, *Deadly Symbiosis: Race and the Rise of Neoliberal Penality* (Cambridge, Polity Press, 2006).

leceu o *Judenghetto* entre 1939 e 1944, primeiro para empobrecer e concentrar os judeus visando a sua relocação e, mais tarde, quando a deportação em massa se mostrou irrealizável na prática, para direcioná-los aos campos de extermínio[56].

A intensificação desenfreada de sua dinâmica excludente sugere que o gueto ganharia se fosse estudado não por analogia com os cortiços urbanos (*slums*), os bairros populares ou os enclaves de imigrantes, mas com as reservas, os campos de refugiados e a prisão, enquanto representante de uma categoria mais geral de instituições de contenção de grupos despossuídos e desonrados. Não é por acaso que a Bridewell de Londres (1555), a Zuchthaus de Amsterdã (1654) e o Hospital Général de Paris (1656), concebidos para ensinar a disciplina do trabalho assalariado a vagabundos válidos, mendigos e outros criminosos por meio do encarceramento, foram inventados na mesma época que o gueto judeu. E que os tentaculares campos de refugiados de hoje em Ruanda, no Sri Lanka e nos territórios ocupados da Palestina se assemelham a um cruzamento inédito entre os guetos da Alta Idade Média europeia e gigantescos gulags.

[56] Philip Friedman, "The Jewish Ghettos of the Nazi Era", em *Roads to Extinction: Essays on the Holocaust* (Nova York, The Jewish Publication Society of America, 1980), p. 59-87; Christopher R. Browning, "Nazi Ghettoization Policy in Poland, 1939-1941", *Central European History*, v. 19, n. 4, 1986, p. 343-68.

6

A penalização da miséria e o avanço do neoliberalismo

A criminalização a que estão sujeitos por toda a Europa os militantes dos movimentos sociais de desempregados, de sem-teto e contra a discriminação – como pudemos ver de forma extrema nos ataques promovidos pela polícia aos manifestantes antiglobalização em Gênova, durante o encontro do G8, no verão de 2001 – não pode ser entendida fora do sentido amplo da penalização da pobreza, elaborada para administrar os efeitos das políticas neoliberais nos escalões mais baixos da estrutura social das sociedades avançadas.

As agressivas práticas policiais e as medidas de encarceramento adotadas hoje no continente europeu são parte integrante de um processo mais amplo de transformação do Estado, que foi posto em marcha pela mutação do trabalho assalariado e pela reversão da balança de poder, tanto na relação entre as classes como na luta dos grupos pelo controle do emprego e do Estado.

Nessa luta, o capital transnacional e as frações "modernizadoras" da burguesia e de altos escalões do Estado, aliados sob a bandeira do neoliberalismo, ganharam poder e empreenderam uma vasta campanha visando à reconstrução da autoridade pública. Com isso, seguem de mãos dadas a desregulação social, o advento do trabalho assalariado precário (contra um pano de fundo de continuado desemprego em massa na Europa e de sólido crescimento da "pobreza trabalhadora"* nos Estados Unidos) e o retorno de um velho estilo de Estado punitivo. A "mão invisível" do mercado de trabalho precarizado conseguiu seu complemento institucional no "punho de ferro"

* Isso se relaciona ao crescimento do número de assalariados cuja renda se situa abaixo da linha da pobreza oficialmente definida. (N.T.)

do Estado, que tem sido empregado para controlar desordens geradas pela difusão da insegurança social[1].

A regulação da classe operária pelo que Pierre Bourdieu chama de a "mão esquerda" do Estado, simbolizada pelos sistemas públicos de educação, saúde, seguridade e habitação[2], foi substituída – nos Estados Unidos – ou suplementada – na Europa ocidental – por regulações a partir de sua "mão direita", ou seja, a polícia, as cortes e o sistema prisional, que estão se tornando cada vez mais ativos e intrusivos nas zonas inferiores do espaço social.

A repentina e obsessiva reafirmação do "direito à segurança" por destacados políticos, tanto de direita quanto de esquerda, acontece ao mesmo tempo em que o silencioso desgaste do "direito ao emprego", na sua forma tradicional (isto é, trabalho de tempo integral, por período indeterminado e com salário adequado), e o crescimento dos meios de fortalecimento legal tornam-se úteis para compensar o déficit de legitimidade sofrido pelas lideranças políticas pelo fato de terem abandonado as tarefas do Estado no campo social e econômico.

Dessa forma, os governos europeus estão tentando minar a nova legitimidade de militantes e "minorias ativas", conquistada por meio de lutas diárias no interior dos movimentos sociais emergentes. Com isso, tentam impedir o crescimento da mobilização coletiva. Mais do que mera medida repressiva, a criminalização dos que defendem os direitos sociais e econômicos integra uma agenda política mais ampla, que tem levado à criação de um novo regime que pode ser caracterizado como "liberal-paternalismo". Ele é *liberal* no topo, para com o capital e as classes privilegiadas, produzindo o aumento da desigualdade social e da marginalidade; e *paternalista* e punitivo na base, para com aqueles já desestabilizados seja pela conjunção da reestruturação do emprego com o enfraquecimento da proteção do Estado de bem-estar social, seja pela reconversão de ambos em instrumentos para vigiar os pobres.

Três espécies de encarceramento e seu significado no projeto neoliberal

Colocar o inesperado ressurgimento das prisões como peça central no horizonte institucional das sociedades avançadas, nas últimas duas décadas[3], é útil no sentido de nos lembrar que punir pessoas colocando-as atrás das grades é uma invenção histórica recente. Tal fato aparece como uma surpresa para muitos, já que nós

---

1 Loïc Wacquant, *As prisões da miséria* (Rio de Janeiro, Jorge Zahar, 2001). [Ed. franc.: *Les prisons de la misére,* Paris, Raisons d'Agir, 1999.]

2 Pierre Bourdieu, *Contre-feux* (Paris, Raisons d'Agir, 1998).

3 Roy D. King e Mike Maguire (eds.), *Prisons in Context* (Nova York, Oxford University Press, 1998).

crescemos tão acostumados a ver pessoas presas que isso nos parece natural. A prisão apresenta-se como uma organização indispensável e imutável, que opera desde tempos imemoriais.

Na realidade, até o século XVIII, os lugares de confinamento serviam principalmente para deter os suspeitos, ou considerados culpados por crimes, que aguardavam a administração de suas sentenças, as quais consistiam em vários tipos de castigos corporais (chicotadas, pelourinho, marcas a ferro, mutilação, enterramento, morte com ou sem tortura), suplementados pelo banimento e pela condenação a trabalhos forçados ou às galés[4].

Só com o advento da individualidade moderna, a qual, supõe-se, deve desfrutar de liberdade pessoal e ser dotada de um direito natural à integridade física (que não pode ser retirado nem pela família nem pelo Estado, exceto em casos extremos), é que privar pessoas de sua liberdade tornou-se uma punição em si mesma e uma sentença criminal por excelência. Isso se deu a um tal ponto que se tornou difícil conceber ou implementar outras sanções penais sem que parecessem pouco severas. Lembrarmos que a prisão é uma instituição bastante jovem na história da humanidade é reiterar a ideia de que seu crescimento e sua permanência não são coisas já definidas.

Uma vez tornado a forma normativa de sanção criminal, o encarceramento pode preencher, simultânea ou sucessivamente, uma série de funções. O sociólogo Claude Faugeron[5] estabelece uma distinção frutífera entre o que ele chama de "encarceramento de segurança", que visa a impedir indivíduos considerados perigosos de causar danos; o "encarceramento de diferenciação", destinado a excluir categorias sociais consideradas indesejáveis; e o "encarceramento de autoridade", cujo propósito é, principalmente, reafirmar as prerrogativas e os poderes do Estado. Percebe-se imediatamente que essas três formas de encarceramento não visam as mesmas populações – por exemplo, pedófilos, imigrantes ilegais e baderneiros que atuam em manifestações – e não passam a mesma mensagem para a sociedade.

Essa pluralidade de funções preenchidas pela prisão não impede que esta ou aquela tarefa particular predomine em um dado momento. Assim, hoje em dia nos países europeus, o encarceramento para propósitos de diferenciação é aplicado com grande frequência a estrangeiros não europeus (isto é, imigrantes de antigas colônias do Velho Continente), que são definidos como não sendo parte do "corpo social" da Europa emergente[6]. Na América, a prisão tomou o lugar

---

[4] Peter Spierenburg, "The Body and the State: Early Modern Europe", em Norval Morris e David J.Rothman (eds.), *The Oxford History of the Prison: The Practice of Punishment in Western Society* (Oxford, Oxford University Press, 1995).

[5] Claude Faugeron, "La dérive pénale", *Esprit,* n. 215, out. 1995.

[6] Salvatore Palidda, *Polizia postmoderna: etnografia del nuovo controllo sociale* (Milão, Feltrenelli, 2000).

funcional dos guetos negros como um instrumento de controle e contenção de populações consideradas castas inferiores, com as quais não se deve misturar. E lá estão os afro-americanos que se "beneficiam", *de facto*, de uma política de *ação afirmativa carcerária*, que resulta em sua maciça sobrerrepresentação nas prisões e cadeias por todo o país: homens negros perfazem 6% da população carcerária nacional, mas, desde 1989, eles compõem a metade das novas admissões em prisões estaduais e federais[7].

Apesar disso, o fato característico do fim de século é, sem sombra de dúvida, a tremenda inflação da população carcerária nas sociedades avançadas[8], graças ao frequente, de fato rotineiro, uso do encarceramento como um instrumento de administração da insegurança social. Isso é exatamente o que debato em meu livro *As prisões da miséria*: em todos os países onde a ideologia neoliberal de submissão ao "livre mercado" se implantou, observamos um espetacular crescimento do número de pessoas colocadas atrás das grades, enquanto o Estado depende cada vez mais da polícia e das instituições penais para conter a desordem produzida pelo desemprego em massa, a imposição do trabalho precário e o encolhimento da proteção social.

Como a penalidade neoliberal se espalha e se modifica

A conversão das classes dominantes à ideologia neoliberal resultou em três transformações na esfera do Estado que estão intimamente ligadas: remoção do Estado econômico, desmantelamento do Estado social e fortalecimento do Estado penal. De fato, aqueles que hoje glorificam o Estado penal na América são os mesmos que, ontem, clamavam pelo fim do "Grande governo" no *front* social e econômico, e que foram bem-sucedidos na redução das prerrogativas, expectativas e exigências da coletividade em face do mercado, melhor dizendo, em face da ditadura das grandes corporações.

Isso pode parecer uma contradição, mas, na realidade, esses são os dois componentes da nova maquinaria institucional de administração da pobreza que está sendo colocada em marcha na era do desemprego em massa e do emprego precário. Esse novo "governo" da insegurança social – para falarmos como Michel Foucault – assenta-se, por um lado, no disciplinamento do mercado de trabalho

---

7 Loïc Wacquant, "The New 'Peculiar Institution': On the Prison as Surrogate Ghetto", *Theoretical Criminology*, v. 4, n. 3, 2000, edição especial sobre "New Social Studies of the Prison"; e "Deadly Symbiosis: When Ghetto and Prison Meet and Mesh", *Punishment & Society*, v. 3, n. 1, 2001.

8 Vivian Stern, *A Sin Against the Future: Imprisonment in the World* (Boston, Northeastern University Press, 1997); Michael Tonry e Joan Petersilia, *Prisons* (Chicago, The University of Chicago Press, 1999) e David Garland (ed.), *Mass Imprisonment: Social Causes and Consequences* (Londres, Sage, 2001).

desqualificado e desregulado, e, por outro, em um aparato intrusivo e onipresente. A mão invisível do mercado e o punho de ferro do Estado, combinando-se e complementando-se, fazem as classes baixas aceitarem o trabalho assalariado dessocializado e a instabilidade social que ele traz em seu bojo. Com isso, após um longo eclipse, a prisão retornou ao pelotão de frente das instituições responsáveis pela manutenção da ordem social.

A expressiva ênfase dada ao tema da "violência urbana" e da criminalidade nos discursos e políticas dos governos europeus, especialmente na França com o retorno ao poder da chamada "esquerda plural"[9], não tem tanto a ver com a evolução da delinquência "juvenil"[10]. Ao contrário, seu alvo é fortalecer o processo de redefinições de formas e conteúdos da ação do Estado: o Estado keynesiano, que foi o veículo histórico da solidariedade e cuja missão era fazer frente aos ciclos e aos efeitos danosos do mercado, garantindo o "bem-estar" e a redução das desigualdades, é sucedido por um Estado darwinista que transforma a competição em fetiche e celebra a irresponsabilidade individual (cuja contrapartida é a irresponsabilidade social), recolhendo-se às suas funções soberanas de "lei e ordem", elas mesmas hipertrofiadas.

A utilidade do aparato penal na era pós-keynesiana do "emprego da insegurança" tem seus desdobramentos: ela serve para disciplinar as frações da classe operária que surgem nos novos e precários empregos de serviços, neutraliza e armazena os elementos mais disruptivos, ou aqueles considerados supérfluos tendo em vista as transformações na oferta de trabalho, bem como reafirma a autoridade do Estado nos limitados domínios que, agora, são seus atributos.

Pode-se distinguir três estágios na difusão mundial das novas ideologias e políticas de "lei e ordem" *made in the USA*, em particular nas chamadas medidas de "tolerância zero" – as quais, curiosamente, são chamadas, em Nova York, de medidas de "qualidade de vida"[11]. A primeira fase é a de gestação, implementação e demonstração nas cidades norte-americanas. Especialmente Nova York, que foi elevada ao patamar de "meca da segurança" por uma sistemática campanha publicitária. Durante essa fase, os *think tanks* neoconservadores, tais como o Manhattan Institute, a Heritage Foundation e o American Enterprise Institute, desempenham um papel fundamental. São eles que cunham tais noções antes de disseminá-las entre as classes dominantes norte-americanas no decorrer de sua

---

[9] Articulação política composta por socialistas, comunistas e ambientalistas.

[10] Pode-se sempre adicionar "juventude" da classe operária e de origem estrangeira, pois é isso claramente o que quer dizer. Mais ainda, em outros países, como Itália e Alemanha, os políticos não sentem nenhum desconforto em vir a público criticar a "criminalidade imigrante".

[11] Loïc Wacquant, "How Penal Common Sense Comes to Europeans: Notes on the Transatlantic Diffusion of Neoliberal Doxa", *European Societies*, v. 1, n. 3, 1999.

guerra contra o Estado de bem-estar social, a qual tem sido destacada no retrocesso social e racial experimentado pelos Estados Unidos desde meados dos anos 1970.

O segundo estágio é o da importação-exportação, facilitado pelas ligações construídas com os seus *think tanks* coirmãos que se espalharam por toda a Europa na década passada, principalmente na Inglaterra. Em matéria de emprego e políticas sociais, a Inglaterra serviu como "cavalo de Troia" e "estufa de aclimatação" para as novas penalidades neoliberais, com vistas a sua propagação através do continente europeu*. Mas, se a exportação dos novos produtos norte-americanos de "lei e ordem" tem obtido sucesso estonteante, é porque eles suprem as demandas dos Estados que os importam. Eles foram convertidos ao dogma do chamado "livre mercado" e ao imperativo do "menos governo" – em assuntos sociais e econômicos, é claro.

O terceiro e último estágio consiste em aplicar uma cobertura de argumento científico sobre tais medidas, e então o truque está armado: medidas conservadoras são vendidas sob a aparência de ideias progressistas. Em cada país pode-se achar intelectuais que espontaneamente fazem o papel de "contrabandistas" ou "transmissores", legitimando com sua autoridade acadêmica a adaptação das políticas e dos métodos norte-americanos para o fortalecimento da lei e da ordem em suas próprias sociedades. Na França, por exemplo, existe um número de acadêmicos que vivem simplesmente da revenda, em segunda mão, das ideologias norte-americanas para a segurança[12]. Tais são as ideologias que se pode encontrar, na forma de pseudoconceitos, nos seminários do Institute for Advanced Studies in Domestic Security (IHESI), na Que Sais-Je? acerca da "violência urbana e insegurança", nos documentos entregues aos prefeitos quando eles negociam seus *Local Contracts for Security* com os governos centrais, nos jornais e nas conversas do dia a dia[13].

---

* A principal influência aqui é o Institute for Economic Affairs, que levou para o Reino Unido, primeiro, Charles Murray, para advogar cortes no bem-estar social; depois, Lawrence Mead, para defender o *workfare* (programa do governo que oferece assistência social a pessoas desempregadas, mas obriga, em contrapartida, os beneficiários a aceitar um emprego, geralmente mal remunerado, ou participar de um treinamento profissional); e, finalmente, William Bratton, para fazer o proselitismo da "tolerância zero". (N.T.)

12 Um deles, por exemplo, lançou um livro intitulado *Is There a French "Broken Window"?*, quando a chamada teoria da "janela quebrada" [ou "tolerância zero"] já havia sido desacreditada pelos criminologistas norte-americanos mais sérios.

13 O IHESI é um instituto estatal que realiza seminários de qualificação e estudos sobre questões e políticas de segurança e de "lei e ordem". Ele não se coloca sob a égide do ministro da Pesquisa, mas sob as ordens do ministro do Interior, encarregado da polícia. Seu trabalho pertence mais à propaganda burocrática que à pesquisa científica. A Que Sais-Je? é uma prestigiada coleção publicada pela Presses Universitaires de France (PUF) e formada por pequenos volumes que, segundo dizem, fornecem a melhor e mais atualizada informação científica sobre um dado tema. Os Contratos Locais de Segurança são acordos assinados com

Isso não significa dizer que a Europa está importando, no atacado, o estilo policial norte-americano e suas políticas penais, imitando de forma cega os políticos do outro lado do Atlântico. Os países europeus, com sua forte tradição de Estado, seja católico ou social-democrata, não caminham para uma duplicação do modelo norte-americano, isto é, para uma completa e brutal substituição do tratamento da pobreza via bem-estar social pelo tratamento penal sustentado pelo empenho total no "encarceramento". Na verdade, eles estão tateando na construção de um caminho "europeu" (francês, italiano, alemão etc.) rumo ao Estado penal, adequado às suas diferentes tradições culturais e políticas, e caracterizado pela conjunção redobrada da regulação social e da regulação penal da insegurança social.

Assim, o Estado francês tem aumentado sua intervenção tanto social como penal. Por um lado, entre outras medidas, multiplicou os empregos para jovens e os contratos de trabalho, por ele patrocinados, para os desempregados, o que inclui programa de qualificação (CES, *Contrats Emploi-Solidarité*); elevou o nível de vários pacotes de auxílio público (embora pequenos) e estendeu, de forma significativa, o alcance do plano de renda mínima (RMI, *Revenu Minimum d'Insertion sociale*); e instituiu uma cobertura de saúde verdadeiramente universal.

Mas, por outro lado, o Estado francês também instalou esquadrões policiais antimotim nos chamados "bairros sensíveis", estabelecendo unidades especiais de vigilância para detectar e reprimir a possível delinquência nessas áreas; está substituindo juízes por assistentes sociais ou educadores quando jovens "em situação de risco" necessitam ser avisados para que não ajam fora da lei; cidades têm empreendido e reforçado posturas ilegais contra pedintes, as quais servem para retirar das ruas os sem-teto e os abandonados; o governo recusou-se a alinhar as normas para a detenção provisória por *comparution immédiate* (prisões em flagrante e processos sumários[14]) com as normas para *affaires à instruction* (casos de investigação seguindo uma queixa policial), sob o argumento de que é preciso enfrentar a "violência urbana" (com isso, garantindo aos jovens das áreas decadentes de habitação popular uma forma de *ação afirmativa carcerária*); a punição à reincidência tornou-se mais dura; a deportação de estrangeiros sujeitos à "dupla pena"* foi acelerada; a liberdade condicional foi praticamente extinta etc.

---

o Estado central por meio dos quais cada municipalidade planeja, promove e implementa medidas proativas contra o crime.

14 Procedimento judicial simplificado no qual criminosos "presos em flagrante", em casos de violência de rua, são levados perante um juiz, julgados e muitas vezes sentenciados em poucas horas. Esse sistema é rotineiramente aplicado à pequena delinquência em áreas de baixa renda.

* Na França, muitos estrangeiros sentenciados à prisão são submetidos ao seguinte processo: primeiro cumprem o período de condenação que lhes foi dado pela corte e, em seguida, são expulsos do território nacional. (N. E)

Uma segunda diferença entre os Estados Unidos e a França (e os países da Europa continental de uma forma geral) reside no fato de que a penalização da pobreza à francesa é efetivada, principalmente, por intermédio de meios policiais e cortes, mais do que por meios prisionais. Isso obedece a uma lógica que é mais pan-óptica do que punitiva ou segregativa, com a significativa exceção dos estrangeiros[15]. De forma correspondente, as burocracias de assistência social são chamadas a tomar parte ativa nesse processo, desde que possuam meios humanos e informação para exercer uma estreita vigilância sobre as "populações problemáticas" – isso é o que chamo de *pan-optismo social*.

Toda a questão reside em saber se esse caminho europeu é uma alternativa genuína ao estilo norte-americano de encarceramento ou se é simplesmente um estágio na trilha do encarceramento em massa. Saturar bairros marcados pela exclusão social com agentes policiais, sem melhorar as condições e opções de vida e de emprego de seus residentes, certamente levará a um aumento de prisões e condenações, e, ao fim, ao crescimento da população encarcerada. Em que proporções? O futuro dirá.

A mesma questão aparece, em termos mais urgentes e dramáticos, na América Latina, onde o estilo policial e penal norte-americano está sendo importado no atacado. Duas décadas depois que os "Chicago Boys" reconfiguraram as economias do continente, os "New York Boys" de William Bratton, Rudolph Giuliani e do Manhattan Institute espalham seu catecismo de "lei e ordem" por lá, com consequências devastadoras em razão dos altos índices de pobreza, da situação incipiente dos programas de bem-estar social e do comportamento corrupto e violento do crime e das burocracias judiciais. Nas sociedades que vivenciaram experiências autoritárias recentemente, como as do Brasil e da Argentina, a aplicação das penalidades neoliberais significa, na verdade, o restabelecimento da ditadura sobre os pobres[16].

A "tolerância zero" e a guerra contra os pobres nos Estados Unidos

Um minucioso estudo estatístico realizado em Nova York acerca do uso da técnica do "parar e revistar"[17], uma das medidas que mais simboliza a chamada "tolerância

---

[15] Loïc Wacquant, "'Suitable Enemies': Foreigners and Immigrants in Europe's Prisons", *Punishment & Society*, v. 1, n. 2, 1999.

[16] Para o caso brasileiro, ver Loïc Wacquant, "Rumo a uma ditadura sobre os pobres? Nota aos leitores brasileiros", em *As prisões da miséria*, cit.; para o caso argentino, ver Loïc Wacquant, "Mister Bratton Goes to Buenos Aires. Prefacio a la edición para América Latina", em *Las cárceles de la miseria* (Buenos Aires, Ediciones Manantial, 2000).

[17] Publicado em Attorney General, *The New York City Police Department's "Stop and Frisk" Practices: A Report to the People of the State of New York from the Office of the Attorney General* (Nova York, Civil Rights Bureau, 1999).

zero"[18], apresenta dados bastante reveladores. A população negra constitui a metade das 175 mil pessoas abordadas pela polícia em 1998 e 63% das pessoas monitoradas pela Street Crime Unit*, mesmo que esse grupo corresponda a apenas 25% da população total da cidade. Esse desnível é particularmente notado nas áreas exclusivamente brancas, onde os negros compõem 30% das pessoas monitoradas pela polícia. As áreas de afro-americanos e latinos parecem ser as favoritas para tal técnica, já que apenas um entre os dez distritos onde o "parar e revistar" é mais intenso é área de maioria branca. Nessa mesma direção, temos a indicação de que quatro em cada dez ordens de prisão não têm justificativa clara do ponto de vista legal. Pior ainda, a Street Crime Unit, que segue o mote "a rua nos pertence", apresenta em sua média de prisões um número de 16,3 negros e 9,6 brancos.

Tais disparidades podem ser explicadas apenas parcialmente pelas diferenças nas taxas de crime entre negros e brancos ou entre suas áreas de moradia. Em grande medida, provêm da aplicação discriminatória de métodos policiais. De acordo com o relatório assinado pelo ministro da Justiça do estado de Nova York, esse tipo de viés na ação policial "mina a credibilidade das forças da lei e da ordem, e, por fim, mina a própria missão de implementar a lei"[19].

Isso é corroborado pelo fato de que uma ampla maioria de mães, entrevistadas para os propósitos de um estudo feito por um diretor de escola no Harlem, se mostrava "desesperada" com as formas com que a polícia tratava seus filhos, e vivia permanentemente receosa pela segurança de suas crianças. Muitos dos pais em questão educaram seus filhos a partir de sólidos valores, mas estavam amedrontados pela ação policial. Um professor negro de 50 anos, que foi "parado e revistado" – sem razão ou cerimônia – enquanto dirigia, e em seguida detido por toda uma tarde no posto policial, fala com raiva: "Em meu bairro, a polícia está se lixando para os cidadãos, ela trata a área como uma zona de guerra e maltrata qualquer um que não a obedeça ou que se meta em seu caminho"[20].

---

[18] Envolve os procedimentos de monitorar, deter e, quando necessário, revistar na rua qualquer pessoa "razoavelmente suspeita" de ter cometido um crime ou uma ação ilegal.

* A Unidade de Crimes de Rua foi criada em 1971. O auge de sua atuação foi na administração do prefeito Rudolph Giuliani. Suas ações sempre atraíram críticas dos defensores dos direitos humanos. Entre os incidentes que marcaram seu percurso: em 1997, o haitiano Abner Louima foi vítima de tortura e violência sexual no banheiro de um posto policial no Brooklyn; em 1999, quatro policiais brancos mataram a tiros o jovem imigrante africano Amadou Diallo, na entrada de seu apartamento no Bronx, quando ele tirava de seu bolso a carteira com os documentos. (N.T.)

[19] Attorney General, *The New York City Police Department's "Stop and Frisk" Practices*, cit., p. 9.

[20] Por sua vez, uma enfermeira negra, de 54 anos, que foi cercada e revistada com violência quando chegava ao trabalho, sob pretexto de que um informante havia dito que drogas estavam sendo vendidas na região, explica: "Eu estava em estado de choque e me sentindo humilhada por ser tratada como uma criminosa comum [...]. Não confio na polícia. Não durmo há meses

Esse sentimento compartilhado pelos moradores das áreas pobres de Nova York, os quais estão sujeitos a tal forma de permanente ameaça policial, foi analiticamente formulado da seguinte maneira pelo criminologista Adam Crawford:

> O conceito de tolerância zero é uma impropriedade de nomenclatura. Ele não implica, como parece, uma estrita sanção por todas as leis – o que seria impossível, até mesmo intolerável –, mas a sanção, necessariamente discriminatória, de certos grupos, em certos lugares simbólicos e usando certas leis. Quando foi que a "tolerância zero" atingiu os crimes de colarinho branco, as fraudes e os desvios de dinheiro, a poluição ilegal ou a violação da legislação de emprego e saúde? Na realidade, seria mais apropriado descrever as medidas de lei e ordem, implementadas em nome do "tolerância zero", como estratégias de "intolerância seletiva".[21]

Não se pode prever o que acontecerá em cada um dos países que adotam tais medidas. O problema é que se vende como remédio o que foi efetivado com dificuldades na América, onde, ainda que não inteiramente desacreditadas enquanto uma política, elas têm sido altamente questionadas por muitas autoridades legais do país. Assim, deveríamos nos perguntar em que medida elas acabam por ser piores do que o suposto problema que deveriam resolver.

É bastante sintomático o extremo desdém demonstrado pelo antigo chefe da polícia de Nova York, William Bratton, pelas causas profundas da insegurança, pobreza, desemprego, desigualdade, descrença e discriminação, confirmando, assim, os propósitos punitivos da criminalização *made in the USA*. Tal criminalização não visaria tanto a impedir o crime, mas a estabelecer uma guerra sem tréguas contra os pobres e contra todos os marginalizados pela ordem neoliberal, que tem ganhado terreno em todo lugar sob a bandeira da "liberdade".

A "esquerda plural" francesa e o "Consenso de Washington" alinhados na política de "lei e ordem"

Mas é no coração da Europa que se trava a batalha mundial pelo estabelecimento de normas e metas globais da instituição penal na era do neoliberalismo hegemônico e, por meio delas, pela reconfiguração da face do Estado pós-keynesiano. E nisso as novas orientações da França diante do crime e da segurança desempenham um papel central. Nos anos 1980, os sucessivos governos de François Mitterrand contribuíram fortemente para legitimar a

---

por causa do incidente". Desde o ocorrido, toda noite ela pega um táxi para percorrer a curta distância até seu trabalho (Attorney General, *The New York City Police Department's "Stop and Frisk" Practices*, cit.), p. 83-4.

[21] Adam Crawford, *Crime Prevention and Community Safety: Politics, Policies and Practices* (Londres, Longman, 1998), p. 155.

ideologia econômica neoliberal, capitulando diante das pressões dos mercados financeiros e da especulação monetária para que fossem adotadas políticas de austeridade fiscal e de privatização.

O governo de Lionel Jospin, por seu turno, encontrou-se na mesma posição no *front* penal. Como resultado de ter sido visto – com ou sem razão – como o último líder de esquerda da Europa e mesmo do mundo, ele poderia ter introduzido uma resistência ao "pensamento único" no que diz respeito à justiça criminal. Em vez disso, alinhou-se ao "Consenso de Washington" em termos de ideias de "lei e ordem" ditadas pelos *think tanks* neoconservadores. Quando se referiu às causas sociais da delinquência como "desculpas sociológicas"[22], renunciou ao pensamento sociológico, ainda que este seja organicamente ligado ao pensamento socialista, e legitimou a visão neoliberal do mundo em seus aspectos mais retrógrados.

De uma maneira geral, havia a esperança de que a esquerda, de volta ao poder, pudesse lançar uma forte política de descriminalização e desencarceramento. Isso teria aumentado o perímetro e as prerrogativas do Estado social, diminuindo os do Estado penal. Ocorreu o contrário[23]. A mesma pedagogia da retirada e da renúncia que guiava as políticas econômicas acabou por ser empregada na área da justiça criminal.

Na França, a emergência da chamada "esquerda republicana", saudosa dos tempos em que os menores recebiam uma educação severa e disciplinar, é um preocupante desafio a esse respeito. Trata-se de uma forma teratológica de republicanismo, alimentada pela nostalgia de uma "época de ouro" que nunca existiu. Essa educação à moda antiga – algumas pessoas parecem ter se esquecido – repousava fundamentalmente em relações sociais violentas e desiguais, sobretudo entre grupos etários e de gênero. É a sociedade como um todo que educa, e ninguém pode restaurar um sistema disciplinar ultrapassado quando em todos os lugares as formas de autoridade rígida foram questionadas e destronadas. Quando o sr. Chevènement foi ministro da Educação nos anos 1980, no governo Mitterrand, sua ambição era espalhar as universidades pela França. Quando se tornou ministro do Interior nos anos 1990, e como tal administrava a política nacional, seu plano era "cobrir" com postos policiais os bairros abandonados pelas políticas econômicas do governo, enquanto se aguardava, talvez, a abertura de cadeias nessas localidades.

---

[22] Em uma entrevista famosa a *Le Monde*, publicada em 7 de janeiro de 1999, paradoxalmente intitulada: "Sr. Jospin contra o pensamento único internacional: uma entrevista com o primeiro-ministro".

[23] Gilles Sainatti e Laurent Bonelli (eds.), *La machine à punir: pratique et discours sécuritaires* (Paris, Dagorno, 2000).

Em ambos os cenários, a presença do Estado está sendo reforçada, mas com meios e resultados diametralmente opostos: o primeiro cenário traduz-se em uma expansão das oportunidades de vida, o segundo em sua amputação; um reforça a legitimidade da autoridade pública, o outro a enfraquece. De forma caricatural, pode-se resumir tal dualidade pela seguinte fórmula: para as crianças das classes médias e altas, universidades e empregos de gerência; para as crianças da classe operária, confinadas em áreas decadentes, empregos precários no setor de serviços ou cargos de auxiliares de segurança para vigiar os náufragos e refugados do novo mercado de trabalho – sob ameaça de serem encarcerados. Assim, 10% dos "empregos para jovens" patrocinados pelo governo são de auxiliares de segurança, recrutados em áreas de baixa renda e encarregados da ampliação do alcance das forças da ordem, bem como da facilitação de sua entrada nessas vizinhanças. Não há nada de progressista ou republicano nisso.

O advento do Estado penal não é uma fatalidade

Diferentemente dos Estados Unidos, onde a criminalização da pobreza já faz parte dos costumes e está inscrita na própria estrutura do Estado, bem como na cultura pública, na Europa a roleta ainda não parou de girar, e está muito longe disso. Da mesma forma que os empregos precários que tentam nos apresentar como algum tipo de necessidade natural (isso também vem da América), a inflação carcerária não é uma inevitabilidade. O recurso ao aparato prisional não é um destino para as sociedades avançadas, é uma questão de escolha política, e essas escolhas precisam ser feitas com total conhecimento dos fatos e de suas consequências.

Na oposição à penalização da precariedade social, uma batalha deve ser travada em três frentes. Primeiro, no nível das palavras e dos discursos, deve-se frear as derivações semânticas que levam, de um lado, à compressão do espaço de debate (por exemplo, limitando a noção de "insegurança" ao aspecto físico ou criminal, excluindo daí a insegurança social e econômica); de outro, à banalização do tratamento penal das tensões ligadas ao aprofundamento das desigualdades sociais (pelo uso de noções vagas e incoerentes, tais como "violências urbanas"). É imperativo seguir de perto tanto as pseudoteorias formuladas pelos *think tanks* norte-americanos como as correlatas teorias de "lei e ordem", submetendo-as a um estrito "controle de fronteiras", na forma de uma rigorosa crítica lógica e empírica.

Segundo, no *front* das práticas e políticas judiciais, deve-se impedir a multiplicação de medidas que tendam a "ampliar" a rede penal e propor, onde for possível, uma alternativa social, sanitária ou educativa. Deve-se reiterar o fato de que, longe de ser uma solução, a vigilância policial e o encarceramento acabam por agravar e ampliar os problemas que, supostamente, estariam encarregados de resolver. Sabemos que, além de atingir os estratos mais destituídos da classe operária – o desempregado, o precariamente empregado, o imigrante recente –, o encarceramento é em si uma poderosa máquina de empobrecimento. É útil, nessa conexão, lembrar incansavelmente quais são as condições e os efeitos deletérios da detenção hoje, não apenas para os detentos, mas para suas famílias e suas vizinhanças.

Finalmente, ainda há muito que se ganhar do estreitamento de laços entre ativistas e pesquisadores que trabalham no *front* penal e aqueles que batalham no *front* social. Isso, no âmbito europeu, significa otimizar os recursos práticos e intelectuais para investir nessa luta. Existe uma tremenda mina de conhecimento científico e político a ser explorada e dividida em escala continental. Estudiosos e ativistas norte-americanos têm uma riqueza de experiências a oferecer com a demonstração do colossal custo humano e social do encarceramento em massa. Para uma verdadeira alternativa que nos afaste da penalização (suave ou dura) da pobreza, é preciso construir um Estado europeu que seja digno desse nome. O melhor meio de diminuir o papel da prisão é, uma vez mais e sempre, fortalecer e expandir os direitos sociais e econômicos.

7

Os rejeitados da sociedade de mercado

Toxicômanos, psicopatas e sem-teto nas prisões norte-americanas

Nos Estados Unidos, o superencarceramento serve antes de mais nada para administrar o populacho que incomoda, mais do que para lutar contra os crimes de sangue, cujo espectro assombra as mídias e alimenta uma florescente indústria cultural do medo aos pobres – por exemplo, os programas de televisão *America's Most Wanted*, *Rescue 911* (telefone de emergência da polícia) e *COPS*, que apresenta em horário nobre ações reais da polícia nos bairros deserdados negros e latinos, com absoluto desprezo pelos direitos das pessoas presas e humilhadas diante das câmeras[1]. Prova disso é que o número de condenados por crimes violentos nas prisões estaduais aumentou em 86% entre 1985 e 1995, enquanto o efetivo de seus colegas presos por perturbação da ordem pública e por violação da lei de narcóticos teve um crescimento de 187% e 478%, respectivamente. Os primeiros contribuíram em 39% para o aumento da população carcerária do período, e os últimos, em 43%[2].

Combate aos tóxicos

Essas tendências são particularmente pronunciadas nos estados que lideram o *ranking* carcerário. Assim, de cem pessoas condenadas à prisão no Texas no início desta década, 77 foram punidas por apenas quatro categorias de infrações menores: posse e transporte de drogas (22% e 15%, respectivamente), arrombamento

---

[1] Mark Fishman e Gray Cavender (eds.), *Entertaining Crime: Television Reality Programs* (Nova York, Aldine, 1998).

[2] Christopher J. Mumola e Allen J. Beck, *Prisoners in 1996* (Washington, DC, Bureau of Justice Statistics, 1997), p. 10 e 11.

e roubo (cada um em torno de 20%). Ademais, mais da metade dos condenados pela legislação de narcóticos foi punida pela simples *posse de menos de um grama* de droga[3]. Grande rival do Texas na corrida ao encarceramento, a Califórnia quadruplicou sua população carcerária entre 1980 e 1993. Três quartos desse crescimento são explicados pela prisão de delinquentes não violentos e principalmente de toxicômanos.

Em 1981, os presos condenados por violação da lei de narcóticos (VLN) representavam apenas 6% da população carcerária da Califórnia; em 1997, esse percentual havia quadruplicado, chegando a quase 27%. A escalada do encarceramento por posse ou comércio de drogas é particularmente espetacular entre as mulheres, já que, nesse caso, a taxa passou de 12% para 43%. Contudo, melhor que a medida das populações (que atribui um peso desproporcional às condenações passadas e às penas longas por crimes violentos), a estatística dos fluxos demonstra claramente o papel determinante da campanha de repressão penal contra a toxicomania de rua na hiperinflação carcerária norte-americana. Em menos de vinte anos, o número de condenados admitidos nas penitenciárias da Califórnia por VLN passou de menos de mil, em 1980, para mais de 15 mil, em 1997 (de um total de 47 mil), ao mesmo tempo em que todas as pesquisas sobre consumo concluíam que o uso de narcóticos se manteve estável no período. Desde 1988, esse contingente é ano a ano superior ao de presos por infração à propriedade, bem como ao efetivo dos novos condenados por violência. De fato, a taxa de encarceramento (sem contar as prisões provisórias) por posse ou oferta de drogas decuplicou em quinze anos, passando de quatro presos por 100 mil habitantes, em 1986, para 46 por 100 mil, em 1997, ao passo que no mesmo período a taxa de encarceramento por atentado à propriedade dobrou (de dezesseis para trinta detidos por 100 mil), igualando-se à taxa de atentado à pessoa, que aumentou apenas 50% (de 26 para 37 por 100 mil). Também nesse caso, o aumento é ainda mais pronunciado entre as mulheres, para as quais a taxa de encarceramento por atentados contra a pessoa quadruplicou (de 2,2 para 7,7 por 100 mil)[4].

Está claro que, desde a metade da década de 1980, e *para ambos os sexos, a infração à lei de narcóticos tornou-se o primeiro motivo de prisão*, tanto na Califórnia quanto em outros estados líderes do encarceramento em massa. Ora, é preciso saber que 80% das detenções conforme a lei de narcóticos são feitas por simples posse. E que 60% e 36%, respectivamente, dos presos dos presídios municipais e estaduais condenados por VLN eram consumidores de drogas no momento da

---

[3] Tony Fabello, *Sentencing Dynamics Study* (Austin, Criminal Justice Policy Council, 1993).

[4] Departamento Correcional da Califórnia, *Historical Trends: Institution and Parole Population, 1976-1996* (Sacramento, CDC, 1997), tabela 4a.

última infração[5]. Isso quer dizer que a "Guerra às Drogas" se reduz, nos fatos, a uma política de repressão aos toxicômanos, cuja locomotiva é o governo federal (cf. Tabela 1). Depois de ter diminuído no final dos anos 1970, a parcela dos internos das penitenciárias federais condenados por VLN disparou de 25% do efetivo em 1980 para 60% em 1995. Sozinhos, os contraventores da lei de narcóticos representavam 71% do crescimento fulgurante da população internada nesses estabelecimentos.

TABELA 1
Os toxicômanos lotam as prisões federais

	1975	1980	1985	1990	1995
Número total de detentos	23.566	24.252	40.505	57.331	89.564
*Parcela condenada por VLN**	27%	25%	34%	52%	60%

* VLN: Violação da lei de narcóticos
Fonte: Federal Bureau of Prisons, *Quick Facts 1998* (Washington, FBP, 1999).

Ora, segundo um relatório da U.S. Sentencing Commission, apenas 11% dos condenados por VLN pelos tribunais federais são "peixes grandes" e 55% "pequenos contraventores"[6], cujo único pecado talvez tenha sido o de estar no "lugar errado na hora errada", como se diz no gueto. Pais, amigos e simples conhecidos de um presumido (pequeno) traficante podem ser condenados por tabela a penas que vão até a prisão perpétua em virtude das disposições que autorizam os promotores federais a processar por "conspiração visando à distribuição de narcóticos" toda pessoa associada de perto ou de longe à menor troca de drogas, e isso com base apenas num testemunho visual (nenhuma prova material é requerida; o promotor não precisa nem mesmo apresentar a droga em questão como elemento de prova; e os membros do júri não são informados das penas obrigatórias e irredutíveis em que incorrem os acusados). O tratamento penal diligente e drástico substitui assim o tratamento médico a que os toxicômanos das classes populares não têm acesso em razão do abandono dos serviços de saúde pública.

Os doentes mentais na prisão

O destino dos doentes mentais oferece uma verificação experimental trágica da hipótese do elo causal e funcional entre o enfraquecimento do Estado

5 Christopher J. Mumola e Thomas P. Bonczar, *Substance Abuse and Treatment of Adults on Probation, 1995* (Washington, DC, Bureau of Justice Statistics, 1998), p. 3.

6 United States Sentencing Commission, *Special Report to Congress: Cocaine and Federal Sentencing Policy* (Washington, Government Printing Office, fev. 1995).

social e a prosperidade do Estado penal. Foram eles, ao lado dos toxicômanos e dos sem-teto, os primeiros atingidos pela redução da assistência médica e, ao mesmo tempo, os "beneficiários" da expansão do sistema carcerário norte-americano. Estima-se que mais de 200 mil psicopatas graves – esquizofrênicos, maníaco-depressivos ou depressivos clínicos – apodreçam atrás das grades por falta de acesso, na maioria dos casos, aos cuidados necessários fora dali. Um teste aprofundado, aplicado a um grupo representativo de 728 recém-admitidos no presídio de Chicago em 1993, mostrou que 30% apresentavam problemas psiquiátricos agudos (diferentes de problemas de personalidade) e 29%, uma dependência de psicotrópicos no momento da prisão[7]. Pelo menos um quinto dos menores condenados nos Estados Unidos, ou seja, 20 mil jovens, sofrem de problemas psíquicos. Na Califórnia, esse percentual chega a 44% para os rapazes e 64% para as moças; na Virgínia, 10% dos jovens detidos necessitam de cuidados psiquiátricos pesados e outros 40% de tratamento contínuo. E, assim como nos adultos, a incidência da patologia mental entre os adolescentes está fortemente associada ao consumo de drogas[8].

"Os pacientes que examinamos hoje na cadeia são os mesmos que examinávamos nos hospitais psiquiátricos" há vinte anos, explica um ex-encarregado do pavilhão psiquiátrico da clínica da Men's Central Jail, em Los Angeles[9]. Como consequência da política de fechamento dos grandes hospitais públicos, o número de pacientes nos asilos do país caiu de 559 mil em 1955 para 69 mil quarenta anos depois. Esses pacientes deveriam, teoricamente, ser tratados nos ambulatórios dos "centros comunitários". Mas as clínicas locais, que deveriam substituir os hospícios, nunca foram criadas por falta de financiamento público, e os centros existentes se deterioraram na medida em que as seguradoras privadas lavavam as

---

[7] Linda A. Teplin, "Psychiatric and Substance Abuse Disorders Among Male Urban Jail Detainees", *American Journal of Public Health*, v. 84, n. 2, fev. 1994, p. 290-3. Um estudo precedente havia demonstrado que os detentos do presídio de Chicago apresentavam uma taxa de morbidez mental e de toxicomania três vezes mais alta que a média dos homens da cidade (Daniel Ewt Kagan, "Landmark Chicago Study Documents Rate of Mental Illness Among Jail Inmates", *Corrections Today*, v. 52, n. 7, dez. 1990, p. 164-9).

[8] John F. Edens e Randy K. Otto, "Prevalence of Mental Disorders Among Youth in the Juveline Justice System", *Focal Point: A National Bulletin on Family Support and Children's Mental Health*, n. 11, 1997, p. 7; os números relativos à Califórnia nos foram amavelmente comunicados pelo Departamento de Informações da California Youth Authority em abril de 1999.

[9] Citado em "Asylums Behind Bars: Prisons Replace Hospitals for the Nation's Mentally Ill", *The New York Times*, 5/3/1998. A transferência de psicopatas do sistema hospitalar para o sistema carcerário foi confirmada por uma análise estatística profunda dos dados nacionais feita por George Palermo, Maurice Smith e Frank Liska, "Jails Versus Mental Hospitals: A Social Dilemma", *International Journal of Offender Therapy and Comparative Criminology*, v. 35, n. 2, 1991, p. 97-106.

mãos e a cobertura médica oferecida pelo Estado federal diminuía – ao mesmo tempo que, nos últimos anos, o número de norte-americanos sem seguro-saúde batia todos os recordes. *A "desinstitucionalização" dos doentes mentais no setor médico traduziu-se por sua "reinstitucionalização" no setor penal*, depois de terem transitado por um tempo mais ou menos longo pela condição de sem-teto – avalia-se em 80% a proporção de norte-americanos *sem-teto* que passaram por um estabelecimento de detenção ou de assistência psiquiátrica[10]. Com efeito, a maioria das infrações pelas quais são presos aponta "perturbações da ordem pública", que em geral são apenas manifestações de seus problemas mentais.

> Eis uma amostra dos motivos de prisão de psicopatas "liberados" recentemente de um hospital onde recebiam tratamento médico em virtude da chamada política de desinstitucionalização: um jovem roubou um veículo 4x4 com o qual invadiu a vitrine de uma loja porque viu um dinossauro pronto a saltar sobre ele. Uma jovem foi presa várias vezes porque comia em restaurantes e saía sem pagar a conta porque, dizia ela, não tinha de pagar porque era a reencarnação de Jesus Cristo. Um homem foi preso por desordem na via pública depois de ter seguido dois indivíduos até o saguão de um hotel de luxo de Nob Hill (bairro chique de São Francisco). Artista miserável, mas talentoso, ele se convenceu de que os dois indivíduos eram agentes do FBI responsáveis pelo sequestro de sua *patronesse*. Uma mulher de certa idade pôs-se a gritar acusações num restaurante em horário de grande movimento quando um cliente que havia terminado sua refeição passou ao lado de sua mesa. Ela pegou o alfinete de seu chapéu e, segundo o relatório da polícia, fincou-o no glúteo direito dele. Caminhando no meio da multidão de passantes, um jovem se voltou de repente para agredir uma mulher que vinha atrás dele: estava convencido de que ela tinha um raio laser apontado para os seus testículos e queria esterilizá-lo.[11]

Poderíamos multiplicar à exaustão os exemplos que mostram como a lógica punitiva e dicotômica da "lei e da ordem" governa desde então a assistência aos psicopatas das classes populares assimiladas à fração mais visível da categoria vergonhosa dos "maus pobres" – ou dos pobres inúteis, o que nesse caso é a mesma coisa[12]. Eles descrevem uma gama que vai do ridículo ao trágico. Basta aqui um único caso, tomado ao outro extremo do espectro dos possíveis, que

---

[10] Martha Burt, *Over the Edge: The Growth of Homelessness in the 1980s* (Nova York, Russell Sage Foundation, 1992), p. 57. Os valores relativos às populações dos hospitais públicos foram tirados de Beatrice A. Rouse (ed.), *Substance Abuse and Mental Health Statistics Sourcebooks* (Washington, Department of Health and Human Services, 1998). Para uma revisão do conjunto dessa política de saúde mental, David Mechanic e David A. Rochefort, "Deinstitutionalization: An Appraisal of Reform", *Annual Review of Sociology*, n. 16, 1990, p. 301-27.

[11] Gary E. Whitmer, "From Hospitals to Jails: The Fate of California's Deinstitutionalized Mentally Ill", *American Journal of Orthopsychiatry*, v. 50, n. 1, jan. 1980, p. 65-75, citação da p. 66.

[12] Terry Kupers, *Prison Madness: The Mental Health Crisis Behind Bars and What We Must Do About It* (São Francisco, Jossey Bass, 1999), especialmente p. 257-65.

ilustra, levando-o ao paroxismo ao longo de uma vida, o processo de *acumulação e reforço mútuo* das carências do Estado de bem-estar social e dos rigores do Estado penal. Em 5 de maio de 1999, dia de seu aniversário de cinquenta anos, Manuel Pina Babbitt, condecorado com a *purple star* por bravura no campo de batalha do Vietnã, foi executado por injeção letal na prisão de San Quentin. Ele fora condenado à pena capital em 1980 ao fim de um processo rápido por ter assaltado e, em seguida, agredido, durante um "flashback" causado por distúrbios pós-traumáticos associados a suas experiências de guerra, uma senhora que morreu de uma crise cardíaca em consequência de seus ferimentos[13].

O ex-cabo dos *marines* partiu para o front aos dezessete anos, depois de uma infância de miséria numa comunidade rural de Massachusetts (seu pai, cabo--verdeano, era alcoólatra e o espancava, e sua mãe era demente; ele próprio sofria de retardo mental e repetiu todas as séries até abandonar os estudos aos dezesseis anos, analfabeto), foi herói sobrevivente dos 77 dias de horror do cerco de Khe Sanh, um dos episódios mais sangrentos do conflito do Vietnã, e recebeu um diagnóstico de esquizofrenia paranoica ao voltar da Ásia. Sua instabilidade mental fez com que ele fosse desligado do exército e, em seguida, por falta de assistência social ou médica, passa do delito para a droga e para a prisão. Babbitt foi preso várias vezes por roubo e arrombamento. Mais tarde, em 1973, foi condenado a oito anos de prisão por assalto a mão armada e cumpriu parte da pena no hospital Bridgewater State para criminosos dementes. Contra o parecer dos psiquiatras, ele foi libertado e voltou às ruas da cidade de Providence, onde seu estado se agravou com o passar dos anos: ele ouvia vozes, sofria de alucinações e criou o hábito de se arrastar no chão como se ainda estivesse em patrulha e parar pessoas de origem asiática para perguntar se ele tinha matado os pais deles. Pouco depois de ter migrado para a Califórnia, numa noite úmida de neblina densa que lembrava as noites na selva de Khe Sanh durante a ofensiva do Tet, Babbitt perdeu o controle e cometeu o assassinato e uma segunda agressão na noite seguinte que lhe valeram a pena capital.

Foi seu irmão quem o entregou às autoridades depois que a polícia lhe garantiu que a vida de Manuel, o simplório da aldeia, o sobrevivente do Vietnã que todos reconheciam não ser mais o mesmo depois das duas vezes em que esteve no front, seria poupada e que ele finalmente receberia um tratamento psiquiátrico. Mas não se contava com a determinação do promotor de Sacramento, que teimou em pedir a pena de morte e a obteve (a maior parte da mídia apresentou Babbitt como um assassino renitente, que também teria violado sua vítima, apesar de nenhum especialista ter se pronunciado afirmativamente com relação a esse ponto). E isso

---

13 "Hundreds Take Up the Cause of a Killer" e "Vietnam Veteran Executed for 1980 Murder", *The New York Times*, 26/4/1999 e 5/5/1999. O relato que se segue baseia-se numa leitura cruzada dos artigos dedicados a esse assunto em quatro grandes jornais nacionais e diários regionais.

ocorreu sem grande dificuldade, porque o defensor público encarregado de sua defesa omitiu o estado médico do ex-cabo – esqueceu-se de pedir sua ficha militar. Vários depoimentos posteriores de funcionários do tribunal afirmavam que esse advogado, desligado da ordem em 1998 por ter desviado recursos destinados à defesa de seus clientes, costumava beber até a embriaguez durante os processos e era notoriamente racista, se bem que estivesse defendendo um negro acusado de assassinato (e de um estupro que nunca foi provado, mas pesou no veredicto) de uma mulher branca perante um júri 100% branco[14].

Durante os meses em que correram as apelações, milhares de ex-combatentes do Vietnã – entre eles seiscentos sobreviventes de Khe Sanh – e várias personalidades – inclusive o prêmio Nobel de literatura Wole Soyinka – fizeram uma campanha pública pelo perdão de Babbitt. Conseguiram fazer com que ele recebesse a condecoração por bravura, para a qual ele nunca havia tomado as providências necessárias, numa solenidade realizada no corredor da morte da penitenciária de San Quentin. Dois membros do júri que o condenou pediram a revisão do processo atestando que nunca teriam votado pela pena capital se soubessem dos antecedentes médicos do acusado. O doutor Charles Marmar, um dos mais eminentes psiquiatras do país e especialista mundial em distúrbios pós-traumáticos, declarou que todos os detalhes do crime indicavam que fora cometido sob a influência de uma "reação dissociativa" devido aos choques psicológicos sofridos no front: por exemplo, Babbitt cobriu o corpo da vítima com um colchão depois de ter colocado uma chaleira sobre sua pélvis e atado um laço de couro em seu tornozelo, como faziam os soldados norte-americanos na selva asiática para proteger e identificar seus mortos. E, como butim depois de ter saqueado o apartamento, ele levou um rolo de moedas de cinquenta centavos, um relógio e um isqueiro.

Tudo em vão. O novo governador (democrata) Gray Davis, veterano do Vietnã que durante toda a sua carreira política explorou o tema do respeito devido aos ex-combatentes, mas que também havia prometido, como todos os políticos do país, ser "duro com o crime", recusou a comutação da pena de Babbitt por prisão perpétua sem possibilidade de liberação nesses termos: "Um número incalculável de pessoas sofreram os estragos da guerra, as perseguições, a fome, os desastres naturais, as calamidades pessoais e outras. Mas essas experiências não poderiam justificar ou minimizar a agressão selvagem e a matança de cidadãos indefesos que respeitam a lei". Davis considerou, ademais, que os remorsos do condenado não eram suficientes, pois este continuava a afirmar que não tinha lembrança do ocorrido na noite do crime (o que é conforme com a doença que o afligia). Quando se anunciou a decisão do governador, o filho da vítima declarou à imprensa: "O cara vai morrer e espero que sofra como minha mãe

[14] "Babbitt's Lawyers Raise Race Issue as Execution Nears", *San Francisco Chronicle*, 2/5/1999.

sofreu. Não acredito que será o caso. Mas espero que ele esteja suficientemente atormentado mentalmente quando entrar na câmara de execução e for preso à maca [para receber a injeção da mistura de venenos mortais]"[15].

Cinco dias depois da execução, Manuel Babbitt foi enterrado ao som de clarins, entre duas guardas de honra formadas por seus companheiros *marines*. Mas seus restos repousam no pequeno cemitério da igreja de Wareham, sua cidade natal, e não no cemitério militar vizinho de Bourne. A família da vítima de Babbitt ficou escandalizada que o ex-cabo recebesse a *purple star* na antecâmara da morte e fez campanha para que nunca mais tais honras fossem oferecidas a um criminoso. Com sucesso: desde 1997, uma lei federal votada após o atentado a bomba de Oklahoma proibiu que os ex-combatentes condenados por crimes violentos fossem enterrados com seus companheiros de armas[16].

Tudo indica que essa dupla tragédia teria sido evitada se, de um lado, a cobertura médica pública não tivesse abandonado à própria sorte os psicopatas sem meios de acesso aos cuidados necessários no mercado privado da saúde (inclusive os ex--combatentes, que deveriam ter "crédito" com a nação) e, de outro, se o sistema judiciário não tivesse substituído os programas de assistência social na tarefa de "limpar" a miséria de rua que perturba e ameaça. Em todo caso, é certo que, se Babbitt tivesse recursos e as relações necessárias para contratar os serviços de um bom advogado, hoje ele estaria vivo e terminaria seus dias na prisão, como Theodore Kaczyinski, o Unabomber, também denunciado por seu irmão David (este último participou ativamente da campanha para poupar a vida de Babbitt), mas que deve sua vida ao fato de ser branco e de classe social elevada. Em duas décadas, Babbitt percorreu toda a gama de infrações e penas, da provação da prisão à morte, sem jamais desencadear um mecanismo-freio ou encontrar um para-choque capaz de deter sua derrocada social e mental e interromper a correspondente escalada penal. É o caso de se perguntar: a forma extrema da gestão punitiva da miséria não consiste em suprimi-la pela eliminação física dos miseráveis?

Um terço das cadeias dos Estados Unidos mantém em suas celas alienados que não cometeram *nenhum* crime ou delito além do de não ter outro lugar onde ser depositado. É legal prender um psicopata sem motivo judiciário em dezessete estados, e essa prática é corrente mesmo onde ela é explicitamente proibida por lei. O doutor Fuller Torrey, especialista nessa questão do Instituto Nacional de Saúde Mental, não tem meias palavras: "As cadeias e as penitenciárias tornaram-se asilos psiquiátricos para um grande número de pessoas que

---

[15] "Governor Won't Block Execution of Vietnam Veteran", *Los Angeles Times*, 1/5/1999; "Manny Babbitt: A Tale of Justice Gone Both Blind and Wrong", *The Minneapolis Star Tribune*, 6/5/1999.

[16] "Honorable Discharge: Executed as a Villain, Vietnam Veteran Gets Hero's Burial", *The Boston Globe*, 11/5/1999.

sofrem de patologias mentais graves" por causa do "colapso do sistema público de saúde mental"[17].

> "Eu tinha uma menina de quinze anos que sofria de psicose e alucinações", conta Cathy Brock, responsável pelo Centro Letot para filhos fugitivos, em Dallas. "E uma médica do serviço de saúde mental concordou que a menina precisava ser internada. Mas ela imediatamente acrescentou que eles já haviam ultrapassado o orçamento daquele ano, então perguntei se eu não podia dar queixa à polícia por infração, como uma agressão, que permitisse que ela fosse presa. [...] Quando tenho um garoto que sofre de problemas mentais graves e que foi preso, e a família não tem recursos, eu faço de tudo para que esse menino seja colocado sob tutela penal." (Citado em "Asylums Behind Bars", *The New York Times*, 5/3/1998)
>
> "Estamos literalmente soterrados de pacientes, sempre correndo até perder o fôlego para tentar, bem ou mal, fechar as brechas de um dique que está cheio de rachaduras, enquanto o estado psíquico de centenas de detentos se agrava a cada dia diante dos nossos olhos e se transforma em psicose." *Psiquiatra da cadeia de Sacramento, capital da Califórnia* (Citado no *California Journal*, 1/10/1997)
>
> O prêmio do condado com o pior desempenho em matéria de encarceramento de psicopatas graves vai para o condado de Flathead, em Montana. Há vinte anos, somente o presídio do condado aceita internamentos psiquiátricos de urgência – nem o hospital público, nem o hospital psiquiátrico privado da região os admitem. Os indivíduos que sofrem de patologias mentais são presos na "cela mole" da cadeia, uma sala nua acolchoada e com uma grade no chão que serve de privada. As refeições são passadas aos detentos por uma fenda na porta. Como nas celas para alienados usadas em 1950, 1920 ou 1820.
> O prêmio do pior estado vai para o Kentucky. O mais vergonhoso no desempenho do Kentucky é seu sistema de duas classes: a maioria dos psicopatas que têm seguro-saúde ou renda suficiente vão para o hospital psiquiátrico, mas o grosso dos psicopatas sem recursos vai para a prisão – tenham eles cometido ou não alguma infração. Oitenta e um por cento das cadeias do Kentucky declaram manter psicopatas graves sobre os quais não pesa nenhuma acusação ou queixa. (E. Fuller Torrey et al., "Criminalizing the Seriously Mentally Ill: The Abuse of Jails as Mental Hospitals", em *Mental Illness and the Law* [Washington, National Alliance for the Mentally Ill, 1998], p. 13)

[17] Citado em "California Mental Health Care: From the Snakepit to the Street?", *California Journal*, 1/10/1997, p. 37-45; sobre a detenção arbitrária de psicopatas, E. Fuller Torrey et al., "Criminalizing the Seriously Mentally Ill: The Abuse of Jails as Mental Hospitals", em *Mental Illness and the Law* (Washington, National Alliance for the Mentally Ill, 1998), p. 11-14; e Terry Kupers, *Prison Madness*, cit., *passim*.

Não é exagero considerar que *o sistema carcerário se tornou de fato a instituição de "tratamento" psiquiátrico de emergência para os norte-americanos mais desvalidos* – bem como o principal fornecedor de "moradias sociais", como veremos mais adiante. Assim, o estado de Nova York cuida de mais doentes mentais em suas penitenciárias (6 mil, ou seja, 9% dos internos) do que trata em seus hospícios (5.800). Nas grandes cidades, o orçamento do pavilhão psiquiátrico do presídio em geral ultrapassa o orçamento do serviço de psiquiatria do hospital público do condado. Isso vale principalmente para a Califórnia, que conduziu com particular ardor a política de redução do setor psiquiátrico: o número de psicopatas nos estabelecimentos de saúde pública caiu de 36 mil em 1961 para 4.400 em 1997. Paralelamente, o número de doentes psiquiátricos apenas nas cadeias do *Golden State* teve um crescimento de 300% entre 1965 e 1975 e decuplicou desde então, ultrapassando 12 mil[18]. Um estudo realizado pelo município de Santa Clara, capital do Vale do Silício, revela que a população presa nas cadeias do condado quadruplicou nos quatro anos que se seguiram ao fechamento do Agnews State Hospital para alienados, em 1973. Em muitos estados, as regras de admissão em alguns hospitais são tão restritivas que a única maneira de um paciente sem recursos obter cuidados psiquiátricos é se deixar prender. No Texas, por exemplo, é comum os assistentes sociais recomendarem às famílias sem cobertura médica privada que mandem prender seu filho ou filha para que estes possam receber as terapias necessárias.

Os rejeitados da rua

A criminalização do abandono psíquico, resultado da transferência dos doentes mentais da "mão esquerda" para a "mão direita" do Estado, do setor hospitalar para o setor carcerário, é um *processo autossustentado* que garante o envio para trás das grades de um contingente crescente de doentes a cada ano. Com efeito, as prisões não são nem concebidas nem equipadas para tratar patologias mentais, de modo que os doentes encarcerados recebem cuidados grosseiramente insuficientes ou inadequados, ou mesmo cuidado nenhum – seja porque não foram diagnosticados de maneira correta, seja porque faltam meios ou porque os medicamentos necessários são caros demais, seja ainda porque a instituição que os acolhe não está legalmente habilitada para cuidar deles, como é o caso dos centros de detenção de jovens do Texas[19]. Os psicopatas e doentes mentais

---

[18] Gary E. Whitmer, "From Hospitals to Jails", cit., p. 65-75; o número de 12 mil psicopatas nos presídios da Califórnia é subestimado e corresponde a 15% dos detentos para os quais um estudo da administração penitenciária determinou que cuidados psiquiátricos *diários* eram indispensáveis.

[19] Um presídio em cada cinco não possui nenhuma estrutura para cuidar de patologias mentais (E. Fuller Torrey et al., "Criminalizing the Seriously Mentally Ill", cit., p. 12). Em 1998, um

também são alvo habitual de agressões e sevícias por parte dos outros detentos, e exibem de longe a mais alta propensão ao suicídio. Na ausência de estruturas que se responsabilizem por eles fora dali, os juízes hesitam em libertar sob fiança os detidos com problemas mentais, o que prolonga o período de detenção. A clínica de Rikers Island, por exemplo, trata a cada ano mais de 15 mil detentos que sofrem de problemas mentais graves; estes permanecem na famosa prisão de Nova York cinco vezes mais tempo que os outros detentos (215 dias contra 42), ainda que as acusações que pesam sobre eles sejam muito menos graves. Na Califórnia, os indivíduos portadores de problemas mentais têm, por infração igual, mais chances do que os outros de serem presos e condenados, e a penas de prisão mais longas, das quais cumprem uma fração maior[20].

Ao sair da prisão, os ex-detentos que sofrem de problemas psíquicos são em geral abandonados à própria sorte, mesmo que sua patologia tenha se agravado. "Muitos responsáveis por presídios não sabem o que acontece com os psicopatas depois de libertados; 46% dos estabelecimentos ignoram se os detentos psicóticos recebem cuidados psiquiátricos quando são libertados; entre os estabelecimentos que têm essas informações, apenas 36% veem seus detentos receberem cuidados fora dali"[21]. Por falta de acompanhamento médico, eles não demoram a ser presos novamente pela polícia, que os manda para trás das grades por um longo período em virtude dos dispositivos que punem a reincidência. Os hospitais, por sua vez, em resposta à contínua redução dos reembolsos que recebem pelos pacientes cobertos pela assistência médica gratuita, se desoneram dos doentes que não são "rentáveis", e os põem na rua, onde são prontamente recolhidos pela polícia por perturbação da ordem pública, vagabundagem ou mendicância, ou simplesmente porque são incoerentes e é preciso guardá-los em algum lugar onde recebam cama e comida, na falta de cuidados. Os policiais têm até uma expressão específica para designar essas prisões: chamam-nas *mercy bookings* (detenção por clemência)[22], medida que eles aplicam igualmente às pessoas sem domicílio fixo

---

relatório da Divisão de Direitos Civis da Secretaria de Justiça acusou o presídio do condado de Los Angeles "de indiferença deliberada para com as necessidades graves de cuidados psiquiátricos dos detentos" e concluiu que "o único meio de melhorar a saúde [deles]" seria retirá-los imediatamente do pavilhão psiquiátrico.

[20] Joan Petersilia, "Justice for All? Offenders with Mental Retardation and the California Corrections System", *Prison Journal*, v. 77, n. 4, dez. 1997, p. 358-80.

[21] E. Fuller Torrey et al., "Criminalizing the Seriously Mentally Ill", cit., p. 13. Em 1996, o condado de Los Angeles pagou 2,5 milhões de dólares em indenizações a um detento que sofria de esquizofrenia paranoica e ficou preso durante duas semanas sem nenhum cuidado ou medicação (ele era suspeito de vandalismo contra uma igreja). Posto em liberdade apesar de seu estado de perturbação, ele foi atropelado por um trem e gravemente mutilado ao atravessar uma via férrea.

[22] Nas grandes cidades, os indivíduos considerados psicopatas pela polícia são detidos e encarcerados duas vezes mais frequentemente do que as pessoas consideradas sãs de espírito, porque

durante o inverno – quando todas as cadeias das grandes cidades do Norte veem suas populações aumentarem sensivelmente por acolherem gente da rua que de outra forma morreriam de frio. "Muita gente vem para a cadeia porque não tem para onde ir", explica com uma careta de desprezo o responsável pelas cadeias de Chicago. "Eles cometem pequenos delitos para serem presos e recolhidos onde ao menos têm cama, três refeições por dia e um médico de graça. Todos os invernos nossa população aumenta bruscamente, no mínimo de 5% a 10%, só com os sem-teto que 'entram'. E agora, com a supressão do *welfare* [AFDC[23], o auxílio a mães sem recursos], vamos ter um grande afluxo de mulheres. Lembro que, quando Reagan cortou a assistência social, nossa população atingiu índices recordes."[24]

> Há treze meses, a polícia de Baltimore pôs atrás das grades um sem-teto chamado Martin Henn, suspeito de ter incendiado um automóvel. Mas o presídio se atrapalhou com a papelada. Enquanto sua barba crescia, Henn perguntou diversas vezes aos assistentes sociais a data de sua audiência no tribunal. Sem resposta. Finalmente, um estatístico da casa observou num levantamento de dados pelo computador que Henn mofava na cela S-39 havia mais de um ano sem nem mesmo ter sido acusado. Ele então foi acusado e levado perante o tribunal, com o cabelo chegando aos ombros. "Ele estava perdido dentro do sistema", exclamou horrorizada a juíza Ellen Heller, enquanto o promotor se apressava em anular a acusação. "Ninguém nem sabia que eu existia", disse Henn. ("Lost in Cell S-39", *U.S. News & World Report*, n. 111, 26 de agosto de 1991, p. 16)

Sorte semelhante aguarda os toxicômanos presos na malha penal. Dois terços dos 3,2 milhões de norte-americanos postos em "liberdade condicional" em 1995 foram repertoriados com algum problema de álcool ou droga. A me-

os policiais julgam que essa é a única medida que podem tomar com relação a eles (Linda A. Teplin e Nancy S. Pruett, "Police as Street Corner Psychiatrist: Managing the Mentally Ill", *International Journal of Law and Psychiatry*, v. 15, n. 2, 1992, p. 139-56).

[23] Aid to Family with Dependent Children (Auxílio a Famílias com Filhos Dependentes), programa estatal de assistência social voltado para mães pobres e sua prole. Criado em 1935, foi abolido pela legislação da "reforma do bem-estar social" promulgada por Clinton em 1996 e substituído pelo programa sugestivamente nomeado Temporary Assistance to Needy Families (Assistência Temporária a Famílias Carentes), planejado essencialmente para reduzir os orçamentos de auxílio estatal e empurrar os beneficiários para o mais baixo dos patamares de rendimento do mercado de trabalho desregulamentado (cf. Loïc Wacquant, "Les pauvres en pâture: la nouvelle politique de la misère en Amérique", *Hérodote*, n. 85, 1997, p. 21-33).

[24] Entrevista em setembro de 1998 no presídio de Cook County com o diretor de administração penitenciária do condado.

tade deles era submetida a testes de uso de narcóticos como condição para a liberdade condicional, mas somente 17% seguiam um tratamento para curar a dependência. E 52% dos condenados com *sursis* que cometeram o crime com o objetivo de adquirir drogas não receberam nenhum tratamento médico (dos quais 38% de toxicômanos por drogas injetáveis)[25]. Em 1997, 57% dos internos das penitenciárias estaduais do país declararam ter usado drogas ilícitas no mês anterior à prisão (dos quais 20% por via intravenosa); um terço cometeu o crime pelo qual foi preso sob a influência de narcóticos (dos quais 20% com cocaína ou heroína). Mas menos de 15% desses prisioneiros toxicômanos tiveram ou haviam tido algum tratamento médico na prisão para curar a dependência, e esse percentual está em queda livre – ultrapassava um terço em 1991 –, embora o número de drogados atrás das grades não pare de crescer. Naquele ano, as penitenciárias da Califórnia dispunham de apenas quatrocentos leitos para desintoxicação, ao passo que o número de internos dependentes de psicotrópicos, de acordo com os dados do Departamento Correcional da Califórnia, ultrapassava os 100 mil[26]! Da mesma forma, menos de um quinto dos internos das prisões estaduais identificados como alcoólatras recebem acompanhamento médico por esse motivo.

Não chega a surpreender que, uma vez libertados, esses ex-detentos sejam logo presos por ter cometido um novo delito ligado ao vício ou por ter "resultado positivo" no exame semanal de urina, obrigatório para a maioria dos libertados sob condicional na Califórnia, por exemplo, onde a metade das revogações de condicional é motivada por um exame de uso de droga. Tanto mais que um dos dispositivos da reforma da assistência social de 1996, adotada em alguns minutos pelo viés de uma emenda votada pelos dois partidos, proíbe vitaliciamente que toda pessoa condenada à prisão por violação da lei de narcóticos (VLN) receba assistência social aos desvalidos (TANF, que substituiu a AFDC), bem como assistência alimentar aos indigentes (*food stamps*). Outro dispositivo exclui definitivamente da habitação social toda pessoa que tenha sido detida por posse ou venda de drogas – e veremos mais adiante que uma lei de 1994 autoriza a administração federal para a habitação a negar a todo ex-detento o acesso à habitação pública. Essas duas medidas tiveram um efeito desproporcional e devastador sobre as mulheres do (sub)proletariado, que formam o grosso da população de locatários da assistência social e cujo principal motivo de prisão é justamente a VLN, bem como as comunidades negras e hispanófonas, que fornecem três

[25] Christopher J. Mumola e Thomas P. Bonczar, *Substance Abuse and Treatment of Adults on Probation, 1995*, cit., p. 7.

[26] Christopher J. Mumola, *Substance Abuse and Treatment, State and Federal Prisoners, 1997* (Washington, DC, Bureau of Justice Statistics, 1998), p. 1; e Elliott Currie, *Crime and Punishment in America* (Nova York, Henri Holt and Company, 1998), p. 166.

quartos dos prisioneiros "pegos" por crime de drogas. Tiveram igualmente efeito sobre seus filhos, que deverão ser colocados em número cada vez maior sob a tutela dos serviços sociais ou confiados a famílias de adoção, porque suas mães não terão mais acesso aos recursos mínimos necessários para conservar sua guarda, e isso apesar das disfunções calamitosas dos serviços de proteção à infância, que os incorporam aos maus-tratos institucionalizados[27]. Finalmente, ao banir os condenados por droga da assistência social, a lei os exclui no mesmo movimento da maior parte dos programas semipúblicos de desintoxicação, cuja admissão depende justamente da concessão de um auxílio social que cubra os gastos com abrigo e alimentação dos pacientes[28].

Para os norte-americanos presos na base da estrutura étnica e de classe, o movimento simultâneo de retirada da rede de proteção social e de ampliação da rede de detenção penal deixa uma alternativa: resignar-se aos empregos miseráveis da nova economia de serviços, ou tentar a sorte na economia ilegal de rua e um dia enfrentar a realidade da prisão. Os indivíduos desprovidos de valor no mercado de trabalho não têm nem mesmo essa "escolha". Toxicômanos, doentes mentais, sem-teto: o descaso dos serviços sociais e médicos assegura que essas três categorias, que em geral se sobrepõem e entre as quais os rejeitados dos Estados Unidos circulam como num jogo macabro de dança das cadeiras, estejam a cada ano em maior quantidade atrás das grades. A prisão serve também de depósito da escória e dos dejetos humanos de uma sociedade que se submete cada vez mais ao *diktat* do mercado.

Antes punir que prevenir: os psicopatas estão na rua

Por treze vezes em dois anos, Andrew Goldstein foi internado em instituições psiquiátricas de Nova York, às vezes levado pela polícia, em geral de urgência, mas sempre de forma voluntária. Esquizofrênico violento, o jovem solitário, filho de um radiologista de Delaware e ex-aluno de um colégio de elite da cidade, agrediu treze pessoas durante esse período, entre elas dois psiquiatras, uma enfermeira, um assistente social e um terapeuta. Treze vezes ele foi expulso do hospital, apesar de suas súplicas reiteradas: incapaz de suportar as crises de alucinação, queria ser admitido num estabelecimento para tratamentos de longo prazo. Em novembro de 1998, ele implorou para

---

[27] Ver o retrato descrito por Susan Sheehan sob forma de peça de acusação desses serviços em *Life for Me Ain't Been no Crystal Stair* (Nova York, Vintage, 1993).

[28] Rukaiyah Adams e Alissa Riker, *Double Jeopardy: An Assessment of the Felony Drug Provision of the Welfare Reform Act* (Washington, Justice Policy Institute, 1999). A lei federal de 1996 dava aos membros da União a opção de não aplicar essa cláusula de exclusão da assistência social: mesmo assim, 32 estados decidiram adotá-la e cinco outros apenas a modificaram. A Califórnia votou sua própria lei em 1997, que também bania os condenados pela VLN do último programa social de auxílio a indigentes ao qual poderiam postular, a General Assistance.

ser internado no pronto-socorro do Jamaica Hospital, no Queens: "Ele se queixava de vozes, de pessoas que o seguiam e que moravam dentro dele. 'Eles roubaram meu cérebro, não sei por quê. Ouço vozes que me dizem que alguma coisa vai acontecer. [...] Não consigo sair dessa'"[29]. Mas os hospitais têm instruções do Estado para "reduzir custos", ou seja, livrar-se dos pacientes o mais rápido possível (no máximo em 21 dias) de maneira que os objetivos de redução orçamentária sejam atingidos, e as residências psiquiátricas dos bairros estão todas lotadas, com listas de espera intermináveis – e nas quais a prioridade é supostamente dada aos psicopatas... recém-saídos das prisões, em números cada vez maiores. Em 15 de dezembro de 1998, Andrew Goldstein recebeu alta pela última vez do North General Hospital após 22 dias de internação, com uma provisão de medicamentos para uma semana de tratamento e um formulário que dizia para ele se dirigir a outro centro de tratamento ambulatorial.

Em 3 de janeiro de 1999, enquanto esperava o metrô na estação da Rua 23 e Broadway, Goldstein teve um acesso psicótico e de repente empurrou para a linha uma desconhecida que teve a infelicidade de se encontrar ao seu lado: "Tive uma sensação, como se alguma coisa estivesse entrando em mim, como um fantasma ou espírito ou alguma coisa semelhante. Senti uma necessidade urgente de empurrar, bater. Quando o trem chegou, a sensação sumiu e depois voltou... Empurrei a mulher de cabelos louros". Kendra Webdale, 32 anos, foi esmagada pelo vagão e morreu na hora. Apesar de seu grave histórico psiquiátrico (seu dossiê médico tem 3.500 páginas), Goldstein foi considerado "capaz" para se apresentar diante dos tribunais, porque, quando está medicado, "ele não é tão incapacitado que não possa participar de sua própria defesa ou suportar a tensão de um processo"[30]. Por não ter recebido tratamento do setor sanitário e social do Estado, senão intermitentemente e de urgência, o jovem psicótico foi definitivamente tomado sob os cuidados do sistema penitenciário e corre o risco de ser condenado à prisão perpétua.

Nas duas semanas seguintes ao drama, a família da vítima processou os seis hospitais que deram alta a Goldstein em 1998, além de uma queixa por danos civis de 20 milhões de dólares por descaso médico por parte do sistema hospitalar da cidade. Um observador experiente do cenário psiquiátrico nova--iorquino concorda: "Em quinze anos de reportagens sobre a política pública de saúde mental, nunca vi o sistema em tal estado de desorganização. Cortes orçamentários sem precedentes minaram os dispositivos de seguridade que

---

[29] Citado por Michael Winerip, "Bedlam on the Streets: Increasingly, the Mentally Ill Have Nowhere to Go", *New York Times Magazine*, 23/5/1999, p. 42-4. Nas hospitalizações precedentes, Goldstein se queixou de ficar roxo, de ter encolhido até medir não mais que quinze centímetros, de ter perdido o pescoço, de ter um pênis superdimensionado por ter ingerido comida contaminada de um "vizinho homossexual", que roubava seus excrementos e os comia etc.

[30] "Man Claims 'Ghost' Drove Him to Push Woman to Her Death" e "Subway Killing Suspect Is Ruled Fit for Trial", *The New York Times*, 4/3/1999 e 6/4/1999.

foram implantados até agora". E cita seis fatores que nos levam a prever o agravamento do tratamento penal dos psicopatas no estado de Nova York nos próximos anos[31]: os 6 mil últimos doentes dos quais os hospitais psiquiátricos públicos tentam se livrar (principalmente despejando-os nos albergues para sem-teto, se necessário maquiando suas fichas médicas, embora se estime que 3 mil dos 7.200 moradores dos abrigos públicos municipais de Nova York já sofrem de problemas mentais graves) são duas vezes mais numerosos que as coortes precedentes com antecedentes criminais; os abrigos que oferecem supervisão médica já estão completamente lotados; os hospitais têm como política pôr os doentes na rua no máximo em três semanas (depois disso, a verba de reembolso pelo tratamento dada pelo Estado cai de 775 dólares por dia para 175 dólares, valor que dá prejuízo ao hospital); o fluxo de detentos com problemas mentais que foram liberados das cadeias e das prisões está em seu nível mais alto e não para de crescer; a retração dos programas federais de assistência aos pobres e aos deficientes deixa sem rede de proteção um número cada vez maior de doentes; e, finalmente, os organismos encarregados do controle da medicina psiquiátrica sofreram cortes de orçamento e pessoal.

Nessa corrida, os pais de Kendra Webdale lançaram, com o apoio prestimoso dos dois partidos políticos existentes, uma campanha visando, não a reformar o sistema de saúde pública para remediar as carências médicas gritantes que resultaram na morte de sua filha, mas a instaurar medidas coercitivas que obriguem os psicopatas a tomar seus remédios, sob pena de serem presos e internados contra a sua vontade. Em vez de restaurar os recursos necessários para prevenir a carência crônica de vagas, pessoal e medicamentos que entregam à própria sorte milhares de psicopatas, a "Lei de Kendra", debatida pela Assembleia Legislativa de Nova York na primavera de 1999 e aprovada por unanimidade pelo governador (republicano), George Pataki, e pelo presidente da Assembleia (democrata), Sheldon Silver, autoriza o controle judiciário e o internamento forçado de doentes que recusem (ou sejam incapazes) de continuar o tratamento[32]. Mais uma lei que, em vez de tratar o abandono mental dos desvalidos na montante, com meios sociais e médicos, tentará conter as consequências na jusante, com uma gestão punitiva e segregativa.

---

[31] Michael Winerip, "Bedlam on the Streets", cit., p. 48-9.

[32] "Medication Law Illegal, Advocates for Mentally Ill Say" e "'Kendra's Law' Makes Progress: Pataki, Silver Back Mandatory Treatment for Mental Patients", *The Buffalo News*, 23/2/1999 e 20/5/1999.

8

Quatro estratégias para cortar os custos do encarceramento em massa nos Estados Unidos

Após abandonar o programa social fordista-keynesiano em meados dos anos 1970 e o processo de esfacelamento do gueto negro como instrumento de controle de casta, os Estados Unidos lançaram-se em um experimento sócio-histórico singular: a incipiente substituição da regulação estatal da pobreza e dos distúrbios urbanos, frutos da crescente desproteção social e do conflito racial, por seu gerenciamento punitivo por meio da polícia, da Justiça e do sistema correcional. A contrapartida inevitável e complementar do retraimento do Estado de bem-estar norte-americano foi a descomunal ascensão do Estado penal ao longo das três décadas posteriores, que pode ser caracterizada sumariamente por cinco dimensões[1].

1) *Expansão vertical* via hiperinflação carcerária: a quadruplicação da população encarcerada em 25 anos, devida basicamente ao aumento das detenções, fez dos Estados Unidos o inigualável campeão mundial em aprisionamento, com 2 milhões de pessoas atrás das grades e 740 presos por 100 mil habitantes –

[1] Para uma discussão mais detalhada sobre as causas, funções e modalidades da punição da pobreza nos Estados Unidos, ver Loïc Wacquant, *As prisões da miséria*, (Rio de Janeiro, Jorge Zahar, 2001). [Ed. franc.: *Les prisons de la miseré,* Paris, Raisons d'Agir, 1999.] Um amplo panorama das principais facetas legais, sociais e criminológicas da escalada do encarceramento no país pode ser encontrado em David Garland (ed.), *Mass Imprisonment: Social Causes and Consequences* (Londres, Sage, 2001); Michael Tonry e Joan Petersilia (eds.), *Prisons* (Chicago, The University of Chicago Press, 1999). Sobre o contexto histórico mais amplo, ver Thomas L. Dumm, *Democracy and Punishment: Disciplinary Origins of the United States* (Madison, University of Wisconsin Press, 1987); Scott Christianson, *With Liberty for Some: Five Hundred Years of Imprisonment in America* (Boston, Northeastern University Press, 1998).

de seis a doze vezes as taxas de outras sociedades avançadas –, embora o índice de criminalidade permanecesse em estagnação e depois em declínio durante o período.

2) *Expansão horizontal* via dilatação da suspensão condicional da pena, reestruturação da liberdade condicional e ampliação das bases de dados eletrônicas e genéticas para propiciar maior vigilância à distância. O resultado desse "alastramento" da rede penal é que hoje 6,5 milhões de norte-americanos estão sob supervisão da justiça criminal, o que representa, na população masculina, um em cada vinte adultos (mais de 35 anos), um em nove adultos negros e um a cada três negros com 18 a 35 anos. Estima-se que as autoridades tenham acumulado 55 milhões de "fichas policiais", cujos dados, que cobrem cerca de um terço dos homens da classe trabalhadora, estão sendo difundidos mediante a rotina de verificação de histórico criminal (para contratos de emprego ou de aluguel residencial, por exemplo).

3) Advento do *big government penal* a par da redução dos gastos com educação, saúde pública e bem-estar social. O crescimento desproporcional das dotações prisionais nos orçamentos e folhas de pagamento das administrações públicas alçou o sistema correcional ao posto de terceiro maior empregador da nação, com um quadro funcional de 650 mil pessoas em meio a despesas operacionais que excedem 40 bilhões de dólares. É particularmente ilustrativo o caso da Califórnia, que abriga o maior sistema penitenciário do mundo: o orçamento do estado para o setor aumentou de 200 milhões de dólares em 1975 para 4,8 *bilhões* de dólares em 2000; o pessoal da área correcional cresceu de seis mil para 41 mil nas duas últimas décadas; desde 1994 a verba do Departamento Correcional do estado ultrapassou aquela alocada aos vários campi da Universidade da Califórnia.

4) Ressurgimento e desenvolvimento frenético de uma *indústria carcerária privada*. Numa única década, operadores ligados a meia dúzia de firmas generosamente providas por Wall Street abocanharam 7% do "mercado", ou 140 mil detentos (três vezes a população carcerária total da França ou da Itália), auxiliando o Estado a expandir ainda mais sua capacidade de punir e estocar os segmentos precários do novo proletariado. Essas firmas agora oferecem uma completa gama de atividades carcerárias com máximo nível de segurança, e buscam agressivamente expandi-las no exterior (já estão presentes no Reino Unido, Austrália, Marrocos, África do Sul, Coreia e Tailândia).

5) Uma política de *ação afirmativa carcerária* que visa às comunidades dos guetos e moradores de zonas urbanas de baixa renda, particularmente por meio da "Guerra às Drogas". O efeito disso é uma predominância demográfica de afro-americanos sem precedentes (desde 1989 eles compõem a maioria dos novos detentos a cada ano) que aprofunda a disparidade e a hostilidade raciais entre as populações confinadas: os homens negros perfazem 6% da população e 7% dos usuários de drogas do país,

mas são 35% dos presos por infrações ligadas a narcóticos e 75% dos condenados por crimes referentes às drogas[2].

Com o progressivo inchaço e envelhecimento da população prisional, a carga financeira do encarceramento em massa – uma forma estapafúrdia de política contra a pobreza bem como um meio de controle racial camuflado – tem-se tornado exorbitante, o que se evidencia no proibitivo preço unitário da detenção penal. Na Califórnia, por exemplo, afora os custos de financiamento e construção de penitenciárias, cada detento custa ao Estado 21.470 dólares por ano – valor que corresponde a três vezes o máximo benefício concedido pelo extinto programa AFDC a uma família de *quatro* pessoas (7.229 dólares, incluindo os custos administrativos). Segundo o orçamento oficial do Departamento Correcional do Estado, metade desse total é gasta com a remuneração de pessoal (os guardas da Califórnia são de longe os mais bem pagos no país, graças a seu sindicato forte e com boas ligações políticas) e um quarto vai para a manutenção básica dos detentos (alimentação, vestuário, saúde), enquanto as atividades destinadas à reabilitação e reentrada na sociedade (treinamento educacional, ocupacional e vocacional) somam apenas cerca de 5% das despesas[3]. É certo que na maioria dos outros estados, em especial os do Sul, a despesa com encarceramento é consideravelmente menor, mas também são mais baixos os padrões de vida, os montantes dos orçamentos e os níveis de assistência pública. Em Mississippi, por exemplo, o custo anual de um prisioneiro chega a 13.640 dólares, mas essa quantia representa quase dez vezes o benefício anual do AFDC por família, que ali gira em torno de magnificentes 1.400 dólares.

Esse crescimento descontrolado do custo carcerário já ameaça direta e visivelmente outras funções governamentais centrais, de educação a serviços sociais e saúde pública, e cortes adicionais nesses serviços teriam um provável e proporcional efeito de descontentamento entre os eleitores das classes médias. Assim, as diversas autoridades do país implementaram quatro estratégias para controlar e cortar esses custos (à parte a usual artimanha ideológica de apresentar as despesas penais como "investimentos" na "guerra contra o crime").

---

[2] Sobre a controversa vinculação entre divisão racial e expansão penal nos Estados Unidos do pós-fordismo, ver Michael Tonry, *Malign Neglect: Race, Crime, and Punishment in America* (Nova York, Oxford University Press, 1995); Jerome G. Miller, *Search and Destroy: African-American Males in the Criminal Justice System* (Cambridge, Cambrige University Press, 1997); Loïc Wacquant, "From Slavery to Mass Incarceration: Rethinking the 'Race Question' in the United States", *New Left Review*, n. 13, 2002, p. 40-61.

[3] Em 1997-98 o total dos gastos anuais por detento na Califórnia distribuía-se desta forma: pessoal e segurança, 49,3%; recepção, alojamento e administração, 17,4%; saúde, 16,3%; alimentação e vestuário, 9,9%; educação, 2,6%; treinamento vocacional, 2,3%; atividades de trabalho, 1,6%; lazer e serviços religiosos, 0,6% (cf. Departamento Correcional da Califórnia, *The Cost of Housing an Inmate, 1997-98* [Sacramento, 1998]).

A primeira estratégia consiste em *baixar o nível dos serviços e os padrões de vida* nos estabelecimentos penais, limitando ou eliminando os vários "privilégios" e amenidades garantidos aos seus residentes: programas educativos, esportes, entretenimento e atividades voltadas à reabilitação, como orientação e treinamento ocupacionais. Assim é que em 1994 o acesso de detentos ao ensino superior foi virtualmente fechado com a sua exclusão do programa federal de bolsas de estudo, com base na noção de que eles estariam drenando ilegitimamente o financiamento público – embora esteja comprovado que a educação superior é altamente eficaz para reduzir a reincidência criminal e contribui para a manutenção da ordem carcerária[4]. Cortes de despesa similares têm incidido sobre diversos itens de entretenimento e consumo: ao mesmo tempo que reintroduziu as *chain gangs**, em 1996, o Departamento Correcional do Alabama suprimiu televisores e rádios e proibiu a distribuição de tabaco, doces, refrigerantes e biscoitos. Já o Departamento Correcional do Arizona, ao vedar para os seus mais de 23 mil internos o recebimento de pacotes especiais de Natal naquele mesmo ano, justificou a medida invocando riscos à segurança ou à saúde e higiene, mas o argumento decisivo foi a economia de 254 mil dólares no pagamento de horas extras aos funcionários para examinar os 35 mil pacotes que chegavam às suas dependências nos finais de ano: "Nossa meta é gerenciar instituições penais seguras e eficientes sempre de olho no balanço contábil", explicou o porta-voz do departamento[5].

De toda forma, é pouco provável que essa abordagem produza benefícios consideráveis, uma vez que com a generalização dos regimes de "austeridade penal"[6] tais despesas já foram reduzidas a proporções desprezíveis (vimos que o orçamento do Departamento Correcional da Califórnia, por exemplo, destina menos de 5% para habilitação educacional e vocacional). Ademais, após décadas de negligência incondicional os tribunais estão de olho vivo nas condições de detenção degradantes e não hesitam em multar municípios e impor restrições

---

4 Cf. Joshua Page, *Eliminating the Enemy: A Cultural Analysis of the Exclusion of Prisoners from Higher Education* (Dissertação de mestrado em sociologia, na Universidade da Califórnia, Berkeley, 2001).

* Grupos de presidiários acorrentados entre si em turmas de trabalhos forçados. (N. T.)

5 "Arizona Inmates May See Last Special Deliveries", *The Dallas Morning News*, 22/12/1996.

6 A filosofia penal atualmente dominante nos Estados Unidos pode ser resumida pela seguinte expressão, muito corrente entre os funcionários de presídios: "Fazer os prisioneiros cheirar como prisioneiros" (Wesley Johnson et al., "Getting Tough on Prisoners: Results from the National Corrections Executive Survey, 1995", *Crime and Delinquency*, v. 43, n. 1, 1997, p. 25-6). Daí a reintrodução dos castigos corporais e de variadas medidas com o fito de humilhar os presos, tais como fazê-los quebrar pedras e limpar fossos em *chain gangs*, trajar uniformes listrados e raspar o cabelo, suprimir-lhes café e cigarros, vedar revistas pornográficas, levantamento de peso etc.

judiciais às administrações correcionais dos estados em casos clamorosos de infração de direitos constitucionais[7]. De fato, muitas cadeias municipais de grande porte e complexos penitenciários estão há décadas sob mandatos judiciais para reduzir a superpopulação e melhorar os serviços médicos em suas dependências, sob pena de sofrer sanções severas.

A segunda estratégia consiste em *utilizar inovações tecnológicas* nos campos da eletrônica, informática, biometria e medicina, entre outros, para incrementar a produtividade da atividade carcerária em geral, no sentido de confinar e vigiar mais detentos com menos pessoal. As melhorias tecnológicas podem envolver variados itens, como o recurso de videoconferência para que presidiários se apresentem ante o juiz de forma virtual, evitando seu transporte ao fórum; distintivos e pulseiras com código de barras, sensores de movimento e aparelhos de fibra ótica para rastrear os movimentos e atividades dos prisioneiros e funcionários nas dependências prisionais e fazer "contagens de detentos" instantâneas e automáticas; instalação de cercas elétricas perimetrais (com voltagem letal) para economizar a quantidade de guardas nas torres de vigia; "máquinas de revistar corpos" com raios X para detectar contrabando no lugar de revistas manuais ou por despimento, que desperdiçam tempo de trabalho dos agentes penitenciários; sistemas integrados de identificação, comunicação e gerenciamento de dados com *software* de reconhecimento de vozes e rostos; monitoramento por satélite e rastreamento remoto para localizar indivíduos em liberdade condicional em suas comunidades; uso de armas não letais para controle comportamental de indivíduos e multidões, tais como cintos de eletrochoque, compostos químicos antitração e "munição ótica" (que desorienta um agressor ao atingi-lo nos olhos com raio laser).

O componente mais promissor dessa estratégia, no entanto, é a prestação de serviços médicos via telecomunicações, uma vez que os serviços de saúde abocanham de 10% a 20% dos orçamentos dos presídios. Estudo conduzido pelo Federal Bureau of Prisons em 1996-1997 avaliou o uso da telemedicina em psiquiatria, dermatologia e ortopedia em três unidades da Pensilvânia e concluiu que a consulta à distância propiciou um corte nos custos de 30%, fazendo então a recomendação de que essa tecnologia fosse testada nos presídios[8]. O National Office of Justice fez um acordo com o Departamento de Defesa para promover em parceria o desenvolvimento e a difusão de novas tecnologias voltadas para fins militares e penitenciários, e oferece assistência ativa a estados e municípios

---

[7] Cf. Susan Sturm, "The Legacy and Future of Corrections Litigation", *University of Pennsylvania Law Review*, n. 142, 1993, p. 639-738.

[8] Cf. Douglas McDonald, Andrea Hassol e Kenneth Carlson, "Can Telemedicine Reduce Spending and Improve Prisoner Health Care?", *National Institute of Justice Journal*, abr. 1999, p. 20-8.

para impulsioná-los a adotar essas tecnologias e "inserir o sistema correcional no século XXI".

Uma terceira estratégia para aliviar a carga financeira da política de punição da pobreza consiste em *transferir parte dos custos de encarceramento para os prisioneiros e suas famílias*. Desde meados dos anos 1990, cerca de vinte estados e dúzias de municípios têm cobrado dos detentos a conta de seu alojamento, arrecadando "taxas processuais" na admissão, cobrando pelas refeições e impondo uma "corremuneração" pelo acesso à enfermaria, assim como encargos suplementares por amenidades diversas (uniformes, roupa de cama, lavanderia, eletricidade etc.)[9]. Alguns chegam ao ponto de levar seus ex-clientes aos tribunais para reaver as dívidas que estes contraíram, mesmo que involuntariamente, por sua temporada atrás das grades.

Tal é o caso do município de Maccomb, em Detroit, que se gaba de manter na cadeia local o "primeiro e mais bem-sucedido" programa de reembolso prisional do país, segundo o oficial Nyovich[10], que presta serviços na Unidade de Reembolso da cadeia. O município cobra dos internos de 10 a 56 dólares por dia, de acordo com uma escala baseada no formulário de histórico financeiro que eles preenchem quando são presos; cobra também 15 dólares por visita médica e odontológica e 5 dólares por prescrição de remédios. Se os detentos possuem dinheiro em suas contas comissionadas, as somas são aí diretamente deduzidas; se têm permissão para trabalhar fora da cadeia, recebem uma cobrança a cada cinco semanas. Se eles não pagam as faturas, a Unidade de Reembolso os processa (abrem-se cerca de seiscentos processos desse tipo a cada ano) ou repassa sua ficha a uma agência de cobranças (invocando-se nisso uma pretensa preocupação com a equidade: "Não se pode simplesmente dizer: 'Você é pobre, então não posso cobrar de você'. É preciso tratar todos da mesma forma", declara Nyovich). Embora três em cada quatro detentos acabem por não pagar um centavo, o município arrecada com os reembolsos 1 milhão de dólares por ano, que são repassados ao Fundo Geral do Município (em anos anteriores, esses montantes destinaram-se à compra de novas armas para os policiais e à construção de uma unidade de prisão aberta com duzentos leitos adicionais). Ocioso dizer, como faz Nyovich, que "os internos não estão lá muito felizes com isso", ao passo que "a comunidade *adora* a ideia! Todos têm adesivos nos carros com o lema do xerife Hackell: 'Ele faz os presos pagarem'. Ele fez sua campanha com base nessa plataforma e foi eleito".

---

9 Cf. Michelle Gaseau e Carissa B. Caramanis, "Success of Inmates Fees Increases their Popularity among Prisons and Jails", *The Corrections Network* (revista on-line), out. 1998.

10 Entrevistado em abril de 1998 por Shelly Malhotra (a quem agradeço pela diligente assistência a este projeto).

O principal elo dos detentos com o mundo externo, o telefone, também constitui uma rentável fonte de recursos para os departamentos correcionais: ao negociar a concessão de instalação e operação de linhas, muitos deles exigem às companhias telefônicas que aumentem as tarifas – em vez de baixá-las a fim de ganhar o mercado – e repassem o excedente aos presídios. Um contrato exclusivo com a MCI rendeu ao estado de Nova York mais de 20 milhões de dólares em 1997, mediante a remarcação das tarifas regulares em 40%; a Flórida também se deu bem com uma remarcação de 50% e um prêmio de 13 milhões de dólares[11].

Em 1997 o estado de Illinois aprovou uma legislação que habilitou o Departamento Correcional a cobrar, e se necessário processar, os presos pelos custos totais de seu encarceramento – até 16.700 dólares ao ano. O departamento tomou então medidas legais contra três dúzias de condenados pleiteando uma indenização total de 4,6 milhões de dólares, apenas para descobrir que os ativos da maioria dos detentos, pobres ou indigentes, não chegavam a 4 mil dólares, o patamar mínimo estabelecido pela Constituição estadual para requisições judiciais. Os custos legais da empreitada acabaram sendo maiores do que os ganhos que se pretendiam[12]. Essa situação é típica dos programas correcionais de "reembolso" e explica por que ficam sem efeito na maioria dos casos. Sem mencionar o fato de que tais medidas são contraprodutivas em termos penais: elas minam nos detentos a motivação para o trabalho ao confiscar seus parcos rendimentos quando têm trabalho enquanto presos ou ao embargar seus salários quando libertos, o que cria mais incentivos para que eles se envolvam com o mercado negro ou outras atividades ilegais.

O quarto método de reduzir os custos do encarceramento se mantém ainda cheio de promessa: consiste em *reintroduzir trabalho não qualificado em massa* nas dependências dos presídios. Algumas penitenciárias já mantêm trabalho assalariado a serviço de grandes corporações, como Microsoft, TWA, Boeing e Toys R Us, que eventualmente recorrem a essa mão de obra adicional – na maioria das vezes por meio de subcontratação, para evitar publicidade negativa[13]. Mas como essa utilização privada da mão de obra detenta tem sido ruidosamente

---

[11] Dados reportados pelo boletim *Corrections Digest* de 16/10/1998. As ligações a cobrar de vários presídios do sul de Illinois que recebi de meu melhor amigo e informante na parte sul de Chicago enquanto ele cumpria pena me foram cobradas pela companhia EZ-Com a uma taxa dezessete vezes mais cara do que aquelas praticadas por outras companhias para chamadas à distância comparáveis.

[12] Cf. "Paying Debt to Society May Add up for Inmates: State Lawsuits Seek Cash from Prisoners", *Chicago Tribune*, 16/3/1998.

[13] Cf. Daniel Burton-Rose, Dan Pens e Paul Wright (eds.), *The Celling of America: An Inside Look at the U.S. Prison Industry* (Monroe, ME, Common Courage Press, 1998), p. 102-31.

denunciada por ativistas e repetidamente exposta pela mídia, permanece marginal para essas empresas e sobretudo para a população carcerária em geral. Apesar do contínuo crescimento do Private Industry Enhancement Program (Programa de Fomentação à Iniciativa Privada), plano federal lançado em 1989 para promover junto às empresas o recrutamento de detentos – afora suas ocupações de apoio a serviços internos, como lavanderia, refeitório, escritório, manutenção e reparos –, em 1998 o trabalho assalariado abrangia apenas um entre treze prisioneiros e menos de 2 mil nas prisões estaduais e federais estavam na folha de pagamento de companhias em âmbito nacional, dadas as severas restrições legais e práticas que continuam a recair sobre o emprego penal.

Ao longo da década de 1990, entretanto, jorraram argumentos de juristas, economistas, especialistas em sistema penitenciário e políticos a favor da remoção dessas barreiras e do final do sistema de "uso estatal" – que reserva a mão de obra carcerária à produção de bens limitados (como placas de automóveis, móveis de escritório, uniformes, comestíveis) para um mercado público fechado – e do retorno ao sistema de "contrato", que permitiria às empresas privadas empregar detentos com salários de mercado para vender todo tipo de bens no mercado aberto[14]. Os rendimentos desses presos seriam então revertidos para compensar os gastos com seu confinamento, indenizar vítimas e gerar receitas públicas adicionais mediante deduções e tributos.

Em 1998, o National Center for Policy Analysis – uma "iniciativa pró-livre iniciativa" – publicou um relatório intitulado "Fábricas atrás das grades"[15], que foi amplamente divulgado e comentado. Enaltecendo o valor econômico e as virtudes morais do trabalho prisional, o relatório propunha como meta nacional pôr para trabalhar um em cada quatro presos no prazo de uma década e alocar 60% de seu pagamento para compensar os contribuintes. E estimava que, a cinco dólares a hora de trabalho por quarenta horas semanais durante cinquenta semanas

---

[14] Em meio a uma vasta gama de artigos publicados em revistas especializadas, acadêmicas ou não, cf. Timothy J. Flanagan e Kathleen Maguire, "A Full-employment Policy for Prisons in the United States: Some Arguments, Estimates, and Implications", *Journal of Criminal Justice*, v. 21, n. 2, 1993, p. 117-30; Gwen Smith, "Inmate Labor: Yesterday, Today and Tomorrow", *Corrections Today*, fev. 1996, p. 25-32; Stephen P. Garvey, "Freeing Prisoners' Labor", *Stanford Law Review*, v. 50, n. 2, 1998, p. 339-98.

[15] Morgan Reynolds, *Factories Behind Bars* (Dallas, National Center for Policy Analysis [NCPD], 1998, mimeo); cf. também Matt Grayson, "Inmates, Inc.: In Favor of Prison Labor. Benefits of Prison Work Programs", *Spectrum: The Journal of State Government*, v. 70, n. 2, 1997, p. 2-5. Com sede em Dallas, o NCPD é um instituto de viés neoconservador, mantido "exclusivamente por contribuições privadas", que advoga soluções de mercado para todo tipo de problema social. Morgan Reynolds, membro "sênior" da instituição, professor de economia na Texas A&M University e "*scholar* adjunto" do Cato Institute, é autor de *Making America Poorer: The Cost of Labor Law* [Empobrecendo a América: o custo da lei trabalhista] (Washington, DC, Cato Institute, 1987) – o título diz tudo.

ao ano, o rendimento anual seria de 2,4 bilhões de dólares, o que cobriria 10% dos custos operacionais do sistema correcional do país. Exaltando as condições de "livre mercado" do século XIX, quando três quartos dos presos trabalhavam pesado, dois terços dos quais para empresas privadas, o relatório conclamava as autoridades a acabar com o "desperdício" do "imenso ativo" que é a mão de obra detenta e a tomar iniciativas para "fazer as prisões vibrarem de trabalho produtivo", revogando leis federais e estaduais que limitam o uso dos trabalhadores e bens carcerários, restringindo litígios contra o trabalho de detentos e premiando financeiramente os diretores de presídios que dotarem seu estabelecimento de autossuficiência econômica e estabelecerem programas de produção flexível e comercialização – em suma, "administrando prisões como um negócio"[16]. As cadeias municipais constituiriam uma reserva industrial de mão de obra barata ainda mais abundante e disponível: à diferença dos presídios, estão implantadas nos perímetros urbanos e, portanto, estreitamente conectadas com a comunidade de negócios local; processam vinte vezes mais corpos que os presídios (mais de 10 milhões por ano); apenas 18% dos detentos em cadeias estão envolvidos em atividades de trabalho; implementar políticas de emprego inovadoras é mais fácil no âmbito local, em que as despesas correcionais drenam hoje cerca de 15% dos orçamentos públicos. A combinação "localização + acesso + visibilidade" propicia que o recurso à mão de obra detenta seja uma "essencial atividade de controle de custos" para os municípios[17]. Além de promover ajuste institucional e reduzir a ociosidade e os problemas de disciplina, o trabalho prisional promete ser uma "solução de longo prazo à crise de superlotação" que ameaça perenemente o sistema carcerário norte-americano, ao aumentar as chances de recolocação após a liberdade e, assim, diminuir os índices de reincidência[18].

Não surpreende, portanto, que estejam tramitando inúmeros projetos de lei, tanto no Congresso como nas legislaturas estaduais, visando a abolir as barreiras ao emprego de detentos, considerando-se também que, se a obrigação de trabalhar é imposta aos pobres "de fora" por meio do *workfare*, seria lógico impô-la também aos pobres "de dentro". Resta saber se tais propostas serão votadas e implementadas em larga escala para levar a efeito a combinação de prisão e trabalho a baixos salários que prometem gerar – uma vez que deliberações ideológicas inovadoras não são suficientes para fazer frente aos potentes fatores adversos representados pela mera intratabilidade da mão de obra penal (em sua maioria analfabeta, não qualificada e instável, e cuja sujeição contínua a variáveis

---

[16] Ibidem, p. 4, 24-5.

[17] Rod Miller, "Jails and Inmate Labor: Location, Location, Location", *Corrections Today*, v. 61, n. 6, 1999, p. 107.

[18] Kerry L. Pyle, "Prison Employment: A Long-Term Solution to the Overcrowding Crisis", *Boston University Law Review*, v. 77, n. 1, 1997, p. 151-80.

e imperativos penais, tais como segurança, tornam-na notavelmente inflexível) –, pela situação geral do mercado de trabalho e pela elasticidade do princípio de "menor elegibilidade" que afirma que o pior dos trabalhadores está um grau acima do melhor dos detentos[19].

Enfim, nenhuma dessas quatro estratégias, por si só ou em combinação, pode conter efetivamente o crescimento dos custos do encarceramento em massa como política social punitiva, e ainda menos aliviar o ônus social e econômico de longo prazo que esta impõe à sociedade, dado o seu impacto profundamente diruptivo nos indivíduos, famílias e comunidades pobres. Assim como a privatização, cuja ideologia de mercantilização compartilham e buscam estender para a esfera pública correcional, essas estratégias podem permitir certo "fôlego" ao deslocar temporariamente as contradições geradas pela transição da administração de bem-estar social à administração penal da desigualdade social e da condição de insegurança na base da estrutura de classes e de castas, mas não podem resolvê-las. E assim é que o incansável esforço de realizar por meio do Estado a *fantasia da classe dominante de fazer que os pobres paguem pela assistência (penal) aos seus semelhantes* acaba por se mostrar justamente isso, uma fantasia, mas com consequências reais que dizem respeito a um dos mais cruéis experimentos de engenharia social jamais empreendido por uma sociedade democrática.

[19] Já em 1985, o juiz Warren Burger defendeu a anulação de todas as restrições legais à utilização privada da mão de obra carcerária com o objetivo de empregar metade da população detenta do país em uma década. Ainda que tenham sido amplamente discutidas na época, suas proposições não deram em nada (Warren E. Burger, "Prison Industries: Turning Warehouses into Factories with Fences", *Public Administration Review*, nov. 1985, p. 754-7).

9
O pensamento crítico como solvente da *doxa**

O que é o pensamento crítico?

Pode-se atribuir dois sentidos à noção de crítica: um sentido que se poderia chamar de *kantiano*, conforme a linhagem do filósofo de Königsberg, que se refere ao exame avaliativo de categorias e formas de conhecimento para determinar sua validade e valor cognitivos; e um sentido *marxiano*, que aponta as armas da razão para a realidade sócio-histórica e se ajusta à tarefa de trazer à luz as formas ocultas de dominação e de exploração que lhe dão forma a fim de revelar, por comparação, as alternativas que distorcem e excluem (é preciso lembrar a definição de "teoria crítica" que dava Horkheimer como uma teoria que é ao mesmo tempo explanatória, normativa, prática e reflexiva). Parece-me que o pensamento crítico mais proveitoso é o que se situa na confluência dessas duas tradições e assim promove o casamento da crítica *epistemológica* com a *social*, questionando de maneira contínua, ativa e radical as formas estabelecidas de pensamento e as formas estabelecidas de vida coletiva – "senso comum" ou *doxa* (inclusive a *doxa* da tradição crítica) –, paralelamente às relações sociais e políticas que se estabelecem num momento particular numa sociedade particular.

Melhor ainda, é possível que haja, e deve existir, uma sinergia entre essas duas formas de crítica, de forma que o questionamento da crítica intelectual – a história dos conceitos, a dissecação lógica dos termos, teses e problemáticas, a genealogia social dos discursos, a arqueologia de suas bases culturais (tudo o que o jovem Foucault coloca sob a noção de *épistémè*) – alimente e enfatize a força da

* Do grego, *Doxe,es*, que quer dizer: opinião. Refere-se ao conjunto de certos aspectos e valores que são aceitos como naturais em dada sociedade, ao senso comum. (N. E.)

crítica institucional. O conhecimento dos determinantes sociais do pensamento é indispensável para libertá-lo, ainda que modestamente, dos determinismos que pesam sobre ele (bem como sobre todas as práticas sociais) e assim nos colocar em posição de nos projetarmos mentalmente fora do mundo, tal como nos é dado para inventar, concretamente, outros futuros que não o que está inscrito na ordem de coisas. Em suma, pensamento crítico é o que nos dá os meios de *pensar sobre o mundo* tal como ele é e *tal como poderia ser.*

Qual a influência do pensamento crítico hoje?

Eu diria, com o risco de me contradizer, que ele é, ao mesmo e a um só tempo, extremamente forte e terrivelmente fraco. *Forte* no sentido, primeiramente, de que nunca foram tão grandes as nossas capacidades teóricas e empíricas de entender o mundo social, o que se comprova pela extraordinária acumulação de conhecimentos e técnicas de observação nos mais variados campos, da geografia à história, passando pela antropologia e pelas ciências cognitivas, para não mencionar o florescimento das chamadas humanidades, como filosofia, letras, direito etc. Em todos esses campos, com exceção profundamente lamentável da economia e da ciência política, que continuam restritas ao triste papel de técnicas de legitimação dos poderes existentes, observa-se que a disposição ao questionamento crítico está presente e é fértil em toda parte. Não é por acaso que Foucault e Bourdieu são hoje os dois autores mais citados e utilizados nas ciências sociais: ambos são pensadores críticos e pensam sobre o poder. E que o feminismo, um movimento intelectual e político que é crítico por seu próprio princípio, renovou a pesquisa nos mais variados campos, da estética à arqueologia e à criminologia, quando os ligou a um projeto concreto de transformação cultural e social.

Leiam-se as análises do desvio assassino de racionalidade produzido por Zygmunt Bauman em *Modernidade e Holocausto*; os experimentos literários (o uso desse paradoxo é proposital) com que José Saramago descontrói a ordem social em *Ensaio sobre a cegueira*; as teorias da equidade e do desenvolvimento econômico, que fundem o rigor científico ao compromisso moral, do recente ganhador do Prêmio Nobel, Amartya Sen, em *Desenvolvimento como liberdade*; o relato das contradições do amor materno nas favelas do Brasil em *Death Without Weeping* [Morte sem pranto], de Nancy Scheper-Hughes; ou o arrebatador retrato do século XX desenhado por Eric Hobsbawm em *A era dos extremos*; a jornada épica da noção de liberdade que emerge da sombra da escravidão como contada por Orlando Patterson em *Slavery and Social Death* [Escravidão e morte social] e *Freedom in the Making of Western Culture* [Liberdade na constituição da cultura ocidental]; ou, ainda, a anatomia dos mecanismos de legitimação da dominação tecnocrática e do poder de classe feita por Pierre Bourdieu em *A nobreza de Estado* – e se sairá convencido de que o pensamento crítico está bem vivo, produtivo, em plena atividade e avançando. E, ademais, que ele não se limita apenas aos intelectuais que marcham conscientemente sob sua bandeira: muitos pesquisadores, artistas e escritores ajudam a sustentá-lo independentemente e, às vezes, apesar de seus engajamentos pessoais e políticos (ou da falta deles), na medida em que revelam *possibilidades sociais oblíquas* que foram afastadas, repudiadas ou reprimidas, mas ainda estão presentes em esboço ou em gestação no presente.

Acrescente-se a isso o fato de nunca ter havido, como hoje, tantos cientistas sociais e intelectuais no sentido mais amplo, a ponto de o nível geral de educação da população estar em constante crescimento; de os sociólogos (para nos atermos a eles) nunca terem tido tanta influência na esfera pública (medida pelo número de livros que vendem, por sua presença na mídia, por sua participação direta ou indireta no debate político), e se terá a tentação de concluir que a razão nunca teve tanta chance de triunfar sobre a arbitrariedade histórica nas questões humanas. O crescente sucesso na França de *Raisons d'Agir* [Razões para agir], editora criada por Pierre Bourdieu após os levantes sociais de 1995 na França, que produz livros curtos, mas densos, escritos por pesquisadores importantes e em linguagem acessível sobre assuntos de vital interesse cívico, desde o jornalismo televisivo e a reforma educacional, até as novas ideologias que servem para naturalizar a desregulamentação do mercado de trabalho, atesta o fato de haver uma grande demanda social pelo pensamento crítico e que a ciência social é perfeitamente capaz de atendê-la.

E, ainda assim, esse mesmo pensamento crítico é terrivelmente *fraco*: de um lado, porque ele sempre se permite *ser fechado* e *sufocado* pelo microcosmo acadêmico (o que é particularmente conspícuo nos Estados Unidos, onde a crítica social anda em círculos e acaba por morder a própria cauda, como um cachorro enlouquecido por ter sido fechado num cubículo); e, de outro, o fato de hoje ele se encontrar ao pé de uma verdadeira *Grande Muralha simbólica*, formada pelo discurso neoliberal e seus muitos subprodutos que invadiram todas as esferas da vida cultural e social, sendo, além de tudo, forçado a enfrentar a competição de um *falso pensamento crítico* que, sob o tropo aparentemente progressista que celebra "sujeito", "identidade", "multiculturalismo", "diversidade" e "globalização", é um convite a nos submetermos às forças dominantes do mundo e, em particular, às forças de mercado. No momento mesmo em que a estrutura de classes se torna mais rígida e polarizada, quando a hipermobilidade do capital dá à burguesia transnacional uma capacidade sem precedentes de dominação, quando as elites governantes de todas as grandes potências desmontam em conjunto as redes de segurança social implantadas ao longo de um século de lutas trabalhistas, e quando ressurgem e se espalham formas de pobreza remanescentes do século XIX, eles falam de "sociedade fragmentada", "etnicidade", "convivência" e "diferença". Onde seria necessária uma análise histórica e materialista incansável, eles oferecem um culturalismo fraco, inteiramente absorvido nas preocupações narcisistas do momento. De fato, o falso pensamento e a falsa ciência nunca foram tão prolixos e onipresentes.

Quais as principais formas assumidas por esse falso pensamento?

Nos Estados Unidos, é a "pesquisa política" que desempenha o papel principal de cobertura e escudo contra o pensamento crítico, agindo à maneira de um "amortecedor" que isola o campo político de qualquer pesquisa de concepção independente e radical, bem como suas implicações para a política pública. Todos os pesquisadores que pretendam fazer contato com funcionários do Estado são obrigados a percorrer um campo indefinido, uma "câmara de descontaminação", e concordar em submeter-se a uma severa censura e em reformular seu trabalho conforme categorias tecnocráticas que asseguram que esse trabalho não terá valor nem efeito sobre a realidade (nos portões de entrada das escolas de políticas públicas está escrito em letras invisíveis: "Não farás tuas próprias perguntas"). De fato, os políticos norte-americanos jamais invocam a pesquisa social, a não ser quando ela está de acordo com a direção que eles pretendem seguir por razões de expediência política; em todos os outros casos, eles passam por cima dela sem remorsos, como fez o presidente Clinton ao assinar sua "reforma" do Estado de bem-estar social em 1996 (um nome enganoso, já que a legislação aboliu o direito ao auxílio público para os mais desvalidos, substituindo-o pela obrigação de aceitar trabalho assalariado precário via "*workfare*"), a despeito de caminhões de estudos que mostravam que isso equivalia a um retrocesso social destinado a prejudicar seriamente os mais desprotegidos quando as condições econômicas deixassem de ser favoráveis.

Na Europa, esse papel é desempenhado pelo *jornalismo sociológico*, um gênero híbrido praticado por aqueles que são nominalmente acadêmicos, mas na realidade passam o tempo escrevendo colunas, editoriais feitos às pressas, aparecendo no rádio e na televisão, e estão em toda parte para discutir os tópicos quentes, até mesmo e especialmente, aqueles em que não têm competência específica. Saltam de "problema social" em "problema social", ao sabor da demanda política e da mídia, sem jamais se perguntar como é que tal ou tal fenômeno, digamos, a "violência juvenil" ou a "imigração ilegal", se constitui em objeto de preocupação coletiva e de intervenção pública, por quem e com que objetivo. Eles ocupam quase todo o pequeno espaço que os jornalistas concedem aos pesquisadores porque satisfazem a vaidade dos jornalistas ao eliminar a distinção entre a visão midiática e a visão científica: suas análises, que na melhor das hipóteses se baseiam em estudos superficiais (e quando terão tempo de se dedicar aos estudos sérios, considerando o tempo que passam na mídia, nas comissões oficiais e nos corredores do poder?), são tão semelhantes a ponto de serem confundidos com relatos jornalísticos – o que explica por que os jornalistas os valorizam e exaltam!

Mas o principal obstáculo ao pensamento crítico é outra coisa: é a formação de uma verdadeira *internacional neoliberal,* ancorada numa rede de *think tanks* concentrados na costa leste dos Estados Unidos e apoiada por grandes instituições internacionais, como o Banco Mundial, a Comissão Europeia, a OECD, a OIT etc., que disseminam os produtos da falsa ciência a uma velocidade exponencial para melhor legitimar as políticas sociais reacionárias implantadas em toda parte na era do mercado triunfante. Tentei mostrar esse quadro em *As prisões da miséria*, com referência às táticas policiais de "tolerância zero" que foram "globalizadas" em menos de uma década, sob o patrocínio do Manhattan Institute de Nova York e de seus discípulos e "colaboradores" passivos e ativos no exterior, e em *Os condenados da cidade* com relação ao pseudoconceito de *underclass* que serve, em todos os países onde é usado, para "culpar a vítima" ao atribuir as novas formas de pobreza urbana ao suposto surgimento de um novo grupo de pobres desorganizados e dissolutos[1]. Em "The Cunning of Imperialist Reason"[2], Pierre Bourdieu e eu tentamos esboçar uma análise crítica da implantação e dos efeitos reais e simbólicos dessa nova vulgata planetária, que apresenta o mundo criado pelas multinacionais como o estágio final da história e a comodificação de tudo o que existe como o mais importante feito da humanidade. Hoje, essa vulgata está em todos os lábios, inclusive nos dos governantes e intelectuais que afirmam estar "na esquerda" e se consideram (às vezes sinceramente) progressistas.

Qual pode ser o papel do pensamento crítico diante da obscenidade das enormes desigualdades produzidas pelo novo capitalismo global?

Seu papel fundamental é constituir uma *barreira de resistência* ao esmagamento de tudo pelo Moloch do mercado, a começar pelo esmagamento do pensamento e de todas as formas de expressão cultural hoje sob a ameaça de morte violenta pelo imperativo do lucro e pela busca irrefreável do sucesso no mercado: basta lembrar que a sra. Hillary Clinton recebeu um adiantamento de 7 milhões de dólares e que o CEO da General Electric, Jack Welsh, outro de 9 milhões por dois livros execráveis, escritos por *ghost-writers*, em que ela conta sua vida como primeira-dama e ele, suas experiências como grande magnata corporativo, e que a Amazon.com deverá vender caminhões de exemplares antes

---

[1] Loïc Wacquant, *As prisões da miséria* (Rio de Janeiro, Jorge Zahar, 2001) e *Os condenados da cidade* (Rio de Janeiro, Revan, 2001).

[2] Pierre Bourdieu e Loïc Wacquant, "An the Cunning of Imperialist Reason", *Theory, Culture, & Society*, v. 16, n. 1, fev. 1999, p. 41-57 (ver as respostas a esse artigo de Couze Venn, John D. French, Jan Nederveen Pieterse, Jonathan Friedman, Pnina Werbner e Saskia Sassen, *Theory, Culture and Society*, v. 17, n. 1, fev. 2000) e "Newliberal Speak: Notes on the New Planetary Vulgate", *Radical Philosophy*, n. 105, jan. 2001, p. 2-5.

mesmo de eles serem impressos, ao passo que escritores, poetas e jovens pesquisadores talentosos não têm condições de encontrar editoras interessadas em publicá-los pela simples razão que, hoje, todas elas têm de elevar suas margens de lucro, paralelamente às das indústrias cinematográfica e televisiva, às quais elas se integraram por meio dos grandes conglomerados culturais.

O pensamento crítico deve, com zelo e rigor, dissecar os lugares comuns falsos, revelar os subterfúgios, desmascarar as mentiras e mostrar as contradições lógicas e práticas do discurso do Rei Mercado e do capitalismo triunfante, que se espalha por toda parte pela força de sua própria evidência, na esteira do colapso brutal da estrutura bipolar do mundo a partir de 1989 e da sufocação do projeto socialista (e sua adulteração por governos supostamente de esquerda, convertidos *de facto* à ideologia neoliberal). O pensamento crítico deve propor incansavelmente a questão dos custos e benefícios sociais das políticas de desregulamentação econômica e de desmonte social que hoje são apresentadas como a estrada correta para a eterna prosperidade e a suprema felicidade, sob a égide da "responsabilidade individual" – que é o outro nome da irresponsabilidade coletiva e do egoísmo mercantil. Em sua famosa "Carta a Arnold Ruge", publicada no *Rheiniche Zeitung* em 1844, Karl Marx se pronunciou favorável a uma "crítica impiedosa de tudo o que existe". Parece-me que essa proposta é hoje mais oportuna que nunca. Voltamos, assim, à missão histórica primária do pensamento crítico, que é a de servir como *solvente da doxa*, questionar perpetuamente a obviedade e as estruturas do debate cívico de maneira a nos darmos a chance de pensar sobre o mundo, em vez de sermos *pensados por ele*, dissecar e compreender seus mecanismos e assim reapropriá-lo intelectual e materialmente.

Sobre os artigos

"Para acabar com o mito das '*cités*-guetos': as diferenças entre a França e os Estados Unidos", rascunhado em Paris em julho de 1991 em resposta ao debate público motivado por uma série de revoltas na periferia urbana francesa e revisado na Universidade Harvard em março de 1992 para publicação em *Annales de la recherche urbaine*, n. 52, set. 1992.

"Descivilização e demonização: a reforma social e simbólica do gueto negro norte-americano", baseado em duas palestras: a primeira, apresentada no congresso Transatlantic Man/L'Amérique des Français organizado pela Universidade de Paris IV-Sorbonne e pela Universidade de Nova York, entre os dias 10 e 12 de junho de 1991, em Paris; a segunda, num colóquio do Departamento de Sociologia da Universidade da Califórnia, Berkeley, em 18 de fevereiro de 1992. Foi publicado pela primeira vez com o título "Décivilisation et démonisation: la mutation du ghetto noir américain", em Christine Fauré e Tom Bishop (eds.), *L'Amérique des français* (Paris, François Bourin, 1992), e traduzido para o inglês pelo autor e por James Ingram, texto que serviu de base para a tradução neste volume.

"Elias no gueto", texto revisado de uma aula na Amsterdam School for Social Science Research em novembro de 1996; publicado em inglês em *Amsterdams Sociologisch Tidjschrift,* v. 24, n. 3-4, dez. 1997. Publicado anteriormente em português na *Revista de Sociologia e Política* (Curitiba), n. 10/11, 1998, com tradução de Marcos Lanna e revisão de Adriano Nervo Codato e Renato Monseff Perissinotto.

"'Uma cidade negra dentro da branca': o gueto norte-americano revisitado", escrito em Berkeley no verão de 1997 e publicado a convite de Manthia Diawara em *Black Renaissance – Renaissance Noire*, v. 2, n. 1, 1998. Em português, foi publicado na revista *Política e Sociedade*, fev. 2004, com tradução de Taís Blauth. A presente versão foi atualizada pelo autor.

"As duas faces do gueto: construindo um conceito sociológico", versão ampliada de um ensaio encomendado por Neil J. Smelser e Paul B. Baltes (por meio de Ulf Hannerz) para a *International Encyclopedia of the Social and Behavioral Sciences* (Londres, Pergamon Press, 2004), e depois traduzida em vários idiomas com o título "The Two Faces of the Ghetto" (sugerido por María Eugenia Suárez de Garay, da Universidade de Guadalajara). Em português, foi publicado na *Revista de Sociologia e Política* (Curitiba), n. 23, nov. 2004, com tradução de Zena Eisenberg e João Feres Júnior.

"A penalização da miséria e o avanço do neoliberalismo", baseado em uma série de palestras públicas na França, Argentina, Brasil, Suíça, Noruega e Estados Unidos sobre *Les prisons de la misère* [As prisões da miséria] na primeira metade de 2001. Foi publicado numa edição especial do *European Journal on Criminal Policy and Research* editado por Hans Boutellier em "Criminal Justice and Social Policy", v. 9, n. 4, 2001. Publicado em português na coletânea *Além da fábrica* (São Paulo, Boitempo, 2003), com tradução de Marco Aurélio Santana.

"Os rejeitados da sociedade de mercado", preparado inicialmente no verão de 1999 para uma versão mais longa de *Les prisons de la misère* do que seria razoável publicar. Foi revisado no início de 2003 e publicado em *Amnis*, v. 3, 2003, por iniciativa do professor Severiano Rojo Hernandez, da Université de Brest.

"Quatro estratégias para cortar os custos do encarceramento em massa nos Estados Unidos", escrito em Paris no inverno de 2002 e publicado em *Studies in Political Economy*, n. 69, 2002, graças a Rianne Mahon da Carleton University, em Ottawa, Canadá, e também em publicações em espanhol e português. No Brasil, foi publicado na revista *Novos Estudos Cebrap*, em 2002, com tradução de Heloisa Buarque de Almeida.

"O pensamento crítico como solvente da *doxa*", concebido a partir de um diálogo animado com um grupo de filósofos argentinos, reunidos em Buenos Aires por Rodrigo Paez Canosa e Esteban Mizrahi em abril de 2001 e publicado como "El pensamiento crítico como disolvente de la *doxa*", *Adef: Revista de Filosofía*, v. 26, n. 1, maio, 2001.

Bibliografia

SOBRE A CRIAÇÃO E A CONTENÇÃO DOS REJEITADOS URBANOS

BOURDIEU, P.; WACQUANT, L. On the Cunning of Imperialist Reason. In: WACQUANT, L. (Ed.) *Pierre Bourdieu and Democratic Politics*: The Mystery of Ministry. Cambridge, Polity Press, 2005, p. 178-98.

ETZIONI, A. The Ghetto: A Re-Evaluation. *Social Forces*, v. 37, n. 3, mar. 1959, p. 255-62.

HALL, P. The City of the Permanent Underclass: The Enduring Slum: Chicago; St Louis; London, 1920-1987. In: *Cities of Tomorrow*: An Intellectual History of Urban Planning and Design in the Twentieth Century. Oxford, Basil Blackwell, 1988, p. 362-400, citação da p. 364.

HAÜSSERMANN, H.; KRONAUER, M.; SIEBEL, W. (Eds.) *An den Rändern der Städte*: Armut und Ausgrenzung. Frankfurt am Main, Suhrkamp Verlag, 2004.

MCKEE, J. B. *Sociology and the Race Problem*: The Failure of a Perspective. Urbana, University of Illinois Press, 1993, cap. 3.

MUSTERD, S.; OSTENDORF, W. (Eds.) *Urban Segregation and the Welfare State*: Inequality and Exclusion in Western Cities. Londres, Routledge, 1998.

O'CONNOR, A. *Poverty Knowledge*: Social Science, Social Policy, and the Poor in Twentieth-Century U.S. History. Princeton, Princeton University Press, 2001.

PEACH, C. Does Britain Have Ghettos? *Transactions of the Institute of British Geographers*, v. 21, 1996, p. 216-35.

PIERSON, P. *Politics in Time*: History, Institutions, and Social Analysis. Princeton, Princeton University Press, 2004, cap. 3.

SAMBALE, J.; EICK, V. Das Berliner Ghetto: Ein Missverständnis. In: MEISTER, C.; SCHNEIDER, A.; SEIFERT, U. (Eds.) *Ghetto*: Image oder Realität? Berlim, Eigenverlag, 2005, p. 10-6.

SCHIERUP, C. Uteslutningens Politiska Ekonomi: Mot en Transatlantisk Konvergens? *Sociologisk Forskning*, v. 38, n. 3-4, 2001, p. 71-114.

TROTTER, J.W.; LEWIS, E.; HUNTER, T.W. (Eds.) *The African American Urban Experience*: Perspectives from the Colonial Period to the Present. Nova York, Palgrave McMillan, 2004.

WACQUANT, L. *As prisões da miséria*. Rio de Janeiro, Jorge Zahar, 2001. [Publicação original em francês: *Les prisons de la misère*. Paris, Raisons d'Agir, 1999.]

______ . *Os condenados da cidade*: um estudo sobre a marginalidade avançada. Rio de Janeiro, Revan Editora, 2001. [Revisado e ampliado em francês: *Parias urbains. Ghetto, banlieues, État*. Paris, La Découverte, 2006.]

______ . *Deadly Symbiosis*: Race and the Rise of Neoliberal Penality. Cambridge, Polity Press, 2006.

WEIL, P. *La République et sa diversité*: migration, intégration, discrimination. Paris, Seuil, 2005.

WESTERN, B. *Prison and American Inequality*. Nova York, Russell Sage Foundation, no prelo.

WIRTH, L. *The Ghetto*. Chicago, The University of Chicago Press, 1928.

PARA ACABAR COM O MITO DAS "*CITÉS*-GUETOS"

ACTES DE LA RECHERCHE EN SCIENCES SOCIALES. *L'économie de la maison*, n. 86-87, mar. 1991.

BACHMANN, C.; BASIER, L. *Mise en images d'une banlieue ordinaire:* stigmatisations urbaines et stratégies de communication. Paris, Syros, 1989.

BLAUNER, R. *Racial Oppression in America*. Nova York, Harper and Row, 1972.

BOURGOIS, P. Une nuit dans une "shooting gallery": enquête sur le commerce de la drogue à East Harlem. *Actes de la recherche en sciences sociales*, n. 94, set. 1992, p. 59-78.

CHAMPAGNE, P. La construction de la marginalité urbaine dans les média français: les "émeutes" de Vaulx-en-Velin. In: COLÓQUIO PAUVRETÉ, IMMIGRATIONS ET MARGINALITÉS URBAINES, Maison des Sciences de l'Homme, Paris, 10-11 maio 1991.

CHICAGO TRIBUNE. *The American Millstone*: An Examination of the Nation's Permanent Underclass. Chicago, Contemporary Books, 1986.

CHICAGO TRIBUNE. 16 jan. 1990, p. 1 e 6.

DESPORTES, G. Troyes paie sa part de ghetto. *Libération*, 1-2 jun. 1991, p. 21-4.

DRAKE, S.; CAYTON, H. R. *Black Metropolis*: A Study of Negro Life in a Northern City. Nova York, Harper and Row, 1962.

DUBET, F. *La galère*: jeunes en survie. Paris, Fayard, 1987.

FRANKLIN, C. W. Surviving the Institutional Decimation of Black Males: Causes, Consequences, and Interventions. In: BROD, H. (Ed.) *The Making of Masculinities*. Winchester, Allen and Unwin, 1987, p. 155-69.

FUSFELD, D.; BATES, T. *The Political Economy of the Urban Ghetto*. Carbondale, Southern Illinois University Press, 1984.

GROSSMAN, J. *Land of Hope*: Chicago, Black Southerners, and the Great Migration. Chicago, The University of Chicago Press, 1988.

HARRIS, F. R.; WILKINS, R. (Eds.) *Quiet Riots*: Race and Poverty in the United States – The Kerner Report Twenty Years Later. Nova York, Pantheon, 1989.

HIRSCH, A. The Black Struggle for Integrated Housing in Chicago. In: HOLLI, M.; JONES, P. (Eds.) *Ethnic Chicago*. Grand Rapids, William B. Ferdman's Publishing, 1984, p. 380-411.

LAÉ, J.; MURARD, N. *L'argent des pauvres*: la vie quotidienne en cité de transit. Paris, Seuil, 1985, p. 7.

LENOIR, N.; GUIGNARD-HAMON, C.; SMADJA, N. *Bilan/Perspectives des contrats de plan de développement social des quartiers*. Paris, Commissariat Général du Plan, La Documentation Française, 1989.

MASSEY, D.; DENTON, N. Hypersegregation in U. S. Metropolitan Areas: Black and Hispanic Segregation among Five Dimensions. *Demography*, v. 26, n. 3, ago. 1989, p. 373-91.

MCCORD, C.; FREEMAN, H. P. Excess Mortality in Harlem. *New England Journal of Medicine*, n. 322, 1990, p. 173.

MEIER, A.; RUDWICK, E. *From Plantation to Ghetto*. 3. ed. Nova York, Hill and Wang, 1976.

NEWSWEEK. *Deadly Lessons: Kids and Guns – A Report from America's Classroom Killing Grounds*, 9 mar. 1992.

NOIRIEL, G. *Le creuset français:* histoire de l'immigration, XIXe-XXe siècles. Paris, Seuil, 1988, cap. 5.

ORFIELD, G. Race and the Liberal Agenda: The Loss of the Integrationist Dream, 1965-1974. In: WEIR, M.; ORLOFF; A.; SKOCPOL, T. (Eds.) *The Politics of Social Policy in the United States*. Princeton, Princeton University Press, 1988.

OSOFSKY, G. (Ed.) *The Burden of Race in the United States*: A Documentary History of Negro-White Relations in America. Nova York, Harper, 1967.

PHILPOTT, T. L. *The Slum and the Ghetto*: Neighborhood Deterioration and Middle--Class Reform, Chicago, 1880-1930. Nova York, Oxford University Press, 1978, p. 139-42 e *passim*.

PINÇON, M. Habitat et modes de vie: la cohabitation des groupes sociaux dans un ensemble HLM. *Revue française de sociologie*, n. 22, 1981, p. 523-47.

RAULIN, A. Espace marchand et concentrations urbaines minoritaires: la petite Asie de Paris. *Cahiers internationaux de sociologie*, v. 85, jul.-dez. 1989, p. 225-42.

ROEDIGER, D. *The Wages of Whiteness*: Race and the Making of the American Working Class. Nova York, Verso, 1991.

SÁNCHEZ-JANKOWSKI, M. *Islands in the Street*: Gangs and American Urban Society. Berkeley, University of California Press, 1991.

SPEAR, A. H. *Black Chicago*: The Making of a Negro Ghetto, 1890-1920. Chicago, The University of Chicago Press, 1968.

TABARD, N.; ALDEGHI, L. *Développement social des quartiers:* les sites concernés et leurs caractéristiques socio-économiques. Paris, CREDOC, 1988.

WACQUANT, L. The Ghetto, the State, and the New Capitalist Economy. *Dissent*, 1989, p. 508-20.

______. Banlieues françaises et ghetto noir américain: de l'amalgame à la comparaison. *French Politics and Society*, v. 10, n. 4, 1992, p. 81-103.

______. Redrawing the Urban Color Line: The State and Fate of the Ghetto in PostFordist America. In: CALHOUN, C. (Ed.) *Social Theory and the Politics of Identity*. Oxford, Basil Blackwell, 1994, p. 231-76.

WACQUANT, L. The Comparative Structure and Experience of Urban Exclusion: "Race", Class, and Space in Paris and Chicago. In: MCFATE, K.; LAWSON, R.; WILSON, W. J. (Eds.) *Poverty, Inequality, and Future of Social Policy*: Western States in the New World Order. Nova York, Russell Sage Foundation, 1995, p. 543-70.

WACQUANT, L.; WILSON, W. J. The Cost of Racial and Class Exclusion in the Inner City. *Annals of the American Academy of Political and Social Science*, n. 501, jan. 1989, p. 8-25.

WALLACE, R. "Homelessness", Contagious Destruction of Housing, and Municipal Service Cuts in New York City. *Environment and Planning*, n. 21, 1989, p. 1585-603.

WEAVER, R. *The Negro Ghetto*. Nova York, Russell and Russell, 1948.

WIEVIORKA, M. *L'espace du racisme*. Paris, Seuil, 1991.

WILLIAMS, T. *Cocaine Kids*: The Inside Story of a Teenage Drug Ring. Paris, Flammarion, 1990.

WILSON, W. J. *The Declining Significance of Race*: Blacks and Changing American Institutions. 2. ed. Chicago, The University of Chicago Press, 1980.

______. *The Truly Disadvantaged*: The Inner City, the Underclass, and Public Policy. Chicago, The University of Chicago Press, 1987.

YOUTH AND SOCIETY. *La jeunesse noire, une génération en voie de disparition?*, número especial, v. 22, n. 1, set. 1990.

DESCIVILIZAÇÃO E DEMONIZAÇÃO

ANDERSON, E. *Streetwise*: Race, Class, and Change in an Urban Community. Chicago, The University of Chicago Press, 1990.

AULETTA, K. *The Underclass*. Nova York, Random House, 1982.

BOLTANSKI, L. *The Making of a Class*: Cadres in French Society. Cambridge, Cambridge University Press, 1987.

BOSKIN, J. *Sambo*: The Rise and Demise of an American Jester. Nova York, Oxford University Press, 1986.

BOURDIEU, P. Le Nord et le Midi: contribution à une analyse de l'effet Montesquieu. *Actes de la recherche en sciences sociales*, n. 35, nov. 1980, p. 21-5.

BOURGOIS, P. In Search of Horatio Alger: Culture and Ideology in the Crack Economy. *Contemporary Drug Problems*, n. 16, 1989, p. 631-2.

______. Une nuit dans une "shooting gallery": enquête sur le commerce de la drogue à East Harlem. *Actes de la recherche en sciences sociales*, n. 94, set. 1992, p. 59-78.

CHICAGO TRIBUNE. *The American Millstone*: An Examination of the Nation's Permanent Underclass. Chicago, Contemporary Books, 1986.

______. *849 Homicides Place 1990 in a Sad Record Book*, 2 jan. 1991.

CHICAGO TRIBUNE. *Protesters Gather to Save their Schools*, seção 2, 22 maio 1991, p. 1-10.

DRAKE, S.; CAYTON, H. R. *Black Metropolis*: A Study of Negro Life in a Northern City. Nova York, Harper and Row, 1962.

DUBIN, S. C. Symbolic Slavery: Black Representations in Popular Culture. *Social Problems*, v. 34, n. 2, abril 1987, p. 122-40.

DUBROW, N. F.; GARBARINO, J. Living in the War Zone: Mothers and Young Children in a Public Housing Development. *Child Welfare*, v. 68, n. 1, jan. 1989, p. 8.

DUNCAN, A. Profiles in Poverty: An Ethnographic Report on Inner-City Black Youth. In: URBAN POVERTY WORKSHOP, Universidade de Chicago, out. 1987.

DUSTER, T. Social Implications of the 'New' Black Underclass. *The Black Scholar*, v. 19, n. 3, maio-jun. 1988, p. 2-9.

ELIAS, N. *O processo civilizador*. São Paulo, Jorge Zahar, 1994. 2 v. [Ed. orig.: *Über den Prozess der Zivilisation*. Basel, haus Zun Falken, 1939.]

FORTUNE. *Myron Magnet. America's Underclass: What to Do?*, 11 maio 1987, p. 130.

GANS, H. H. The Dangers of the Underclass: Its Harmfulness as a Planning Concept. In: *People, Plans and Policies*: Essays on Poverty, Racism, and Other National Urban Problems. Nova York, Columbia University Press, 1991, p. 328-43.

GEREMEK, B. *Les marginaux parisiens aux XIVe et XVe siècles*. Paris, Flammarion, 1976, p. 361.

GIBBS, J. T. (Ed.) *Young, Black and Male in America*: An Endangered Species. Nova York, Auburn House Publishing Company, 1988.

JENCKS, C.; PETERSON, P. (Eds.) *The Urban Underclass*. Washington, D.C., The Brookings Institution, 1991.

JOINT ECONOMIC COMMITTEE. *The Underclass, Hearing Before the Joint Economic Committee of the 101st Congress of the United States,* 25 maio 1989. Washington, D.C, U.S. Government Printing Office, 1989, p. 1, 19, 24, 47 e 64-5.

KASARDA, J. D. Jobs, Migration, and Emerging Urban Mismatches. In: MCGEARY, M. G. H.; LYNN, L. E. (Eds.) *Urban Change and Poverty*. Washington, D.C, National Academy Press, 1988, p. 148-98.

KATZ, M. *The Undeserving Poor*: From the War on Poverty to the War on Welfare. Nova York, Pantheon, 1989.

KERNER COMMISSION. *The Kerner Report*: The 1968 Report of the National Advisory Commission on Civil Disorders. Nova York, Pantheon, 1989.

KOTLOWITZ, A. *There Are No Children Here*: The Story of Two Boys Growing up in the Other America. Nova York, Doubleday, 1991, p. 84s.

KOZOL, J. *Savage Inequalities*: Children in America's Schools. Nova York, Crown Books, 1991.

LEHMANN, N. The Origins of the Underclass. *The Atlantic Monthly*, jun. 1986, p. 31-55.

LEVINE, L.W. African Culture and U.S. Slavery. In: HARRIS, J. E. (Ed.) *Global Dimensions of the African Diaspora*. Washington, D.C., Howard University Press, 1982, p. 128-9.

MAGNET, M. America's Underclass: What to Do?, *Fortune,* 11 maio 1987, p. 130.

MARKS, C. The Urban Underclass. *Annual Review of Sociology*, n. 17, 1991, p. 445-66.

MEAD, L. *Beyond Entitlement*: The Social Obligations of Citizenship. Nova York, The Free Press, 1985.

MENNELL, S. Decivilising Processes: Theoretical Significance and Some Lines of Research. *International Sociology*, v. 5, n. 2, 1990, p. 205-23.

MURRAY, C. *Losing Ground*: American Social Policy, 1950-1980. Nova York, Basic Books, 1984.

______. The Alienated Poor are Devastating America's Inner City. Is the Same Happening Here? *Sunday Times Magazine*, Londres, 26 nov. 1989, p. 26, 39 e 43.

MYRDAL, G. *Challenge to Affluence*. Nova York, Pantheon, 1962.

RICKETTS, E. R.; SAWHILL, I.V. Defining and Measuring the Underclass. *Journal of Policy Analysis and Management*, n. 7, 1988, p. 316-25.

RIEDER, J. *Canarsie*: Italians and Jews of Brooklyn against Liberalism. Cambridge, Harvard University Press, 1985, p. 25-6 e 58-67.

SASSEN, S. New York City's Informal Economy. In: PORTES, A.; CASTELLS, M.; BENTON, L. A. (Eds.) *The Informal Economy*: Studies in Advanced and Less Developed Countries. Baltimore, The Johns Hopkins University Press, 1989, p. 60-77.

SAYAD, A. "Coûts" et "profits" de l'immigration: les présupposés politiques d'un débat économique. *Actes de la recherche en sciences sociales*, n. 61, mar. 1986, p. 79-82.

TIME MAGAZINE. *The Underclass*, 29 ago. 1977, p. 14-5.

U. S. NEWS AND WORLD REPORT. *A Nation Apart*, 17 mar. 1986.

WACQUANT, L. Décivilisation et démonisation: la mutation du ghetto noir américain. In: FAURÉ, C.; BISHOP, T. (Eds.) *L'Amérique des français*. Paris, Editions François Bourin, 1992, p. 103-25. Traduzido para o inglês para esse volume por James Ingram e pelo autor.

______ . Pour en finir avec le mythe des "cités-ghettos". *Les annales de la recherche urbaine*, n. 54, mar. 1992, p. 20-30.

______ . Redrawing the Urban Color Line: The State of the Ghetto in the 1980s. In: CALHOUN, C.; RITZER, G. (Eds.) *Social Problems*. Nova York, McGraw-Hill, 1993, p. 448-75.

WILLIAMS, T. *The Cocaine Kids*: The Inside Story of a Teenage Drug Ring. Reading, Addison-Wesley, 1989.

WILSON, W. J. *The Truly Disadvantaged*: The Inner City, the Underclass, and Public Policy. Chicago, The University of Chicago Press, 1987.

______ . Studying Inner-City Social Dislocations: The Challenge of Public Agenda Research. *American Sociological Review*, v. 56, n. 1, fev. 1991, p. 1-14.

ELIAS NO GUETO

BURSIK, R. J.; GRASMIK, H. G. Economic Deprivation and Neighborhood Crime Rates, 1960-1980. *Law and Society Review*, v. 27, n. 2, 1993, p. 263-83.

CALHOUN, C. Indirect Relationships and Imagined Communities: Large-Scale Social Integration and the Transformation of Everyday Life. In: BOURDIEU, P.; COLEMAN, J. (Eds.) *Social Theory for a Changing Society*. Boulder, Westview Press, 1991.

DAVIS, M. *Cidade de Quartzo:* escavando o futuro em Los Angeles. São Paulo, Boitempo, no prelo. [Ed. ingl.: *City of Quartz:* Excavating the Future in Los Angeles. London, Verso, 1990.]

DRAKE, S.; CAYTON, H. R. *Black Metropolis*: A Study of Negro Life in a Northern City. Nova York, Harper and Row, 1962.

ELIAS, N. *What Is Sociology?* Nova York, Columbia University Press, 1978.

______ . *The Civilizing Process*. Tradução de Edmund Jephcott. Oxford e Cambridge, Blackwell, 1994. [Ed. bras.: *O processo civilizador*. São Paulo, Jorge Zahar, 1994, 2 v.]

FREIDENBERG, J. (Ed.) The Antropology of Lower Income Urban Enclaves: The Case of East Harlem. *Annals of the New York Academy of Sciences*, v. 749, 1995.

GANS, H. *The War Against the Poor:* The Underclass and Antipoverty Policy. Nova York, Basic Books, 1995.

JORDAN, W. D. *The White Man's Burden*: Historical Origins of Racism in the United States. Oxford, Oxford University Press, 1974.

MASSEY, D.; DENTON, N. *American Apartheid*: Segregation and the Making of the Underclass. Cambridge, Harvard University Press, 1993.

MAUSS, M. *Essais de sociologie*. Paris, Editions de Minuit/Points, 1968.

MEIER, A; RUDWICK, E. *From Plantation to Ghetto*. Nova York, Hill and Wang, 1976.

MILLER, J. G. *Search and Destroy*: African-American Males in the Criminal Justice System. Cambridge, Cambridge University Press, 1996.

MOLLENKOPF, J. H.; CASTELLS, M. (Eds.) *Dual City*: Restructuring New York. Nova York, Russell Sage Foundation, 1991.

POULANTZAS, N. *L'État, le pouvoir et le socialisme*. Paris, Presses Universitaires de France, 1978. [Ed. bras.: *O Estado, o poder, o socialismo*. 4. ed. Rio de Janeiro, Graal, 2000.]

SASSEN, S. Economic Restructuring and the American City. *Annual Review of Sociology*, n. 16, 1990, p. 465-90.

WACQUANT, L. Redrawing the Urban Color Line: The State and Fate of the Ghetto in PostFordist America. In: CALHOUN, C. (Ed.) *Social Theory and the Politics of Identity*. Oxford, Basil Blackwell, 1994.

______ . De l'État charitable à l'État penal: notes sur le traitement politique de la misère en Amérique. *Regards sociologiques*, n. 11, 1996, p. 30-8.

______ . Three Pernicious Premises in the Study of the American Ghetto. *International Journal of Urban and Regional Research*, n. 20, jul. 1997.

______ . Negative Social Capital: State Breakdown and Social Destitution in America's Urban Core. *The Netherlands Journal of the Built Environment*, edição especial sobre guetos na Europa e nos Estados Unidos, no prelo.

WEIHER, G. *The Fractured Metropolis*: Political Fragmentation and Metropolitan Segregation. Albany, State University of New York Press, 1991.

WILSON, W. J. *When Work Disappears:* The World of the New Urban Poor. Nova York, Knopf, 1996.

"UMA CIDADE NEGRA DENTRO DA BRANCA"

ABRAHAMS, R. D. *Positively Black*. Englewood Cliffs, Prentice Hall, 1970.

BOYER, P. *Urban Masses and Moral Order in America, 1820-1920*. Cambridge, Harvard University Press, 1978.

CLARK, K. B. *Dark Ghetto*: Dilemmas of Social Power. Middletown, Wesleyan University Press, 1989.

COX, O. C. *Race Relations*: Elements and Social Dynamics. Detroit, Wayne State University Press, 1976, p. 144.

DEVINE, J. A.; WRIGHT, J. D. *The Greatest of Evils*: Urban Poverty and the American Underclass. Nova York, Aldine, 1993.

DRAKE, S.; CAYTON, H. R. *Black Metropolis*: A Study of Negro Life in a Northern City. Nova York, Harper and Row, 1962. Ed. rev e amp., 2 v. [Reed. Chicago, The University of Chicago Press, 1993.]

EDSALL, T. B.; EDSALL, M. D. *Chain Reaction*: The Impact of Race, Rights, and Taxes on American Politics. Nova York, Norton, 1991.

FRAZIER, E. F. Negro Harlem: An Ecological Study. *American Journal of Sociology*, n. 43, jul. 1937, p. 72-88.

______ . *The Negro Family in the United States*. Chicago, The University of Chicago Press, 1948, p. 232 e 234.

______ . *The Negro in the United States*. Nova York, MacMillan Publishing Company, 1957, p. 262.

FORMAN, R. E. *Black Ghettos, White Ghettos, and Slums*. Englewood Cliffs, Prentice--Hall, 1971.

GAY, R. *The Jews of Germany*: A Historical Portrait. Introdução de Peter Gay. Nova York, Yale University Press, 1992.

GOLDFIELD, D. R.; LANE, J. B. (Eds.) *The Enduring Ghetto*: Sources and Readings. Filadélfia, J. B. Lippincott Company, 1973.

GREEN, D. S.; DRIVER, E. D. (Eds.) *W. E. B. Du Bois on Sociology and the Black Community*. Chicago, The University of Chicago Press, 1978, p. 152.

HANDLER, J. F. *The Poverty of Welfare Reform*. New Haven, Yale University Press, 1995.

HUGGINS, N. I. (Ed.) *Voices from the Harlem Renaissance*. Nova York, Oxford University Press, 1976.

HUGHES, M.A. Formation of the Impacted Ghetto: Evidence from Large Metropolitan--Areas, 1970-1980. *Urban Geography*, v. 11, n. 33, 1990, p. 265-84.

JACOBSON, M. F. *Whiteness of a Different Color*: European Immigrants and the Alchemy of Race. Cambridge, Harvard University Press, 1998.

JARGOWSKI, P.A.; BANE, M.J. Ghetto Poverty in the United States, 1970-1980. In: JENCKS, C.; PETERSON, P. E. (Eds.) *The Urban Underclass*. Washington, The Brookings Institution, 1991, p. 235-73.

JENCKS, C.; PETERSON, P. E. (Eds.) *The Urban Underclass*. Washington, The Brookings Institution, 1991.

JOHNSON, J. W. *Black Manhattan*. Nova introdução de Sondra Kathryn Wilson. Nova York, Da Capo, 1981, p. 3-4.

KERNER COMMISSION. *The Kerner Report*: The 1968 Report of the National Advisory Commission on Civil Disorders. Nova York, Pantheon, 1989.

KUSMER, K. L. The Enduring Ghetto: Urbanization and the Color Line in American History. *Journal of Urban History*, v. 21, n. 4, maio 1995, p. 458-504.

LUBOVE, R. *The Progressives and the Slums*: Tenement House Reform in New York City, 1890-1917. Pittsburgh, University of Pittsburgh Press, 1962.

MARKS, C. *Farewell – We're Good and Gone*: The Great Black Migration. Bloomington, Indiana University Press, 1989.

MEIER, A.; RUDWICK, E. *From Plantation to Ghetto*. Nova York, Hill and Wang, 1976, p. 237.

MILLER, J. *Search and Destroy*: African-American Males in the Criminal Justice System. Cambridge, Cambridge University Press, 1996.

MORRIS, A. *The Origins of the Civil Rights Movement*: Black Communities Organizing for Change. Nova York, Free Press, 1984.

MYRDAL, G. *An American Dilemma*. Nova York, Harper and Row, 1945, p. 618.

ORFIELD, G. Race and the Liberal Agenda: The Loss of the Integrationist Dream, 1965-1974. In: WEIR, M.; ORLOFF, A. S.; SKOCPOL, T. (Eds.) *The Politics of Social Policy in the United States*. Princeton, Princeton University Press, 1988, p. 313-55.

PARK, R. E.; BURGESS, E.; MCKENZIE, R. *The City*: Suggestions for Investigation of Human Behavior in the Urban Environment. Chicago, The University of Chicago Press, 1925.

PATTILLO-MCCOY, M. *Black Picket Fences*: Privilege and Peril among the Black Middle Class. Chicago, The University Chicago Press, 2000.

PHILPOTT, T. L. *The Slum and the Ghetto*: Neighborhood Deterioration and Middle--Class Reform, Chicago, 1880-1930. Nova York, Oxford University Press, 1978, p. 136.

SENNETT, R. *Flesh and Stone*: The Body and the City in Western Civilization. Nova York, W. W. Norton, 1994, p. 212-53.

STEINBERG, S. *Turning Back*: The Retreat from Racial Justice in American Thought and Policy. Boston, Beacon Press, 1995, p. 214.

TROTTER, J. W. African Americans in the City: The Industrial Era, 1900-1950. *Journal of Urban History*, v. 21, n. 4, maio 1995, p. 438-57.

TROTTER, J. W.; LEWIS, E.; HUNTER, T. W. (Eds.) *The African American Urban Experience*: Perspectives from the Colonial Period to the Present. Nova York, Palgrave McMillan, 2004.

TROTTER JR., J. W. Afro-American Urban History: A Critique of the Literature. In: *Black Milwaukee*: The Making of an Industrial Proletariat, 1915-1945. Urbana, University of lllinois Press, 1985, p. 264-82.

WACQUANT, L. De la "terre promise" au ghetto: la "grande migration" noire américaine, 1916-1930. *Actes de la recherche en sciences sociales*, n. 99, set. 1993, p. 43-51.

______ . De l'État charitable à l'État pénal: notes sur le traitement politique de la misère en Amérique. *Regards sociologiques,* n. 11, 1996, p. 30-8.

______ . L'underclass urbaine dans l'imaginaire social et scientifique américain. In: PAUGAM, S. (Ed.) *L'exclusion:* l'État des saviors. Paris, La Découverte, 1996, p. 248-62.

______ . Les pauvres en pâture: la nouvelle politique de la misère en Amérique. *Hérodote,* v. 36, n. 2, 1997, p. 48-60.

______ . Three Pernicious Premises in the Study of the American Ghetto. *International Journal of Urban and Regional Research*, n. 20, jun. 1997, p. 341-53.

WADE, R. C. The Enduring Ghetto: Urbanization and the Color Line in American History. *Journal of Urban History*, v. 17, n. 1, nov. 1990, p. 4-13.

WARD, D. *Poverty, Ethnicity, and the American City, 1840-1925*. Cambridge, Cambridge University Press, 1989.

WHITE, M.; WHITE, L. *The Intellectual Versus the City*: From Thomas Jefferson to Frank Lloyd Wright. Nova York, Oxford University Press, 1977.

WILSON, W. J. *When Work Disappears*: The World of the New Urban Poor. Nova York, Knopf, 1996.

WIRTH, L. *The Ghetto*. Chicago, The University of Chicago Press, 1928, p. 6.

ABU-LUGHOD, J. L. *Rabat*: Urban Apartheid in Morocco. Princeton, Princeton University Press, 1980.

AUYERO, J. *Poor People's Politics*: Peronist Survival Networks and the Legacy of Evita. Durham, Duke University Press, 2000.

BODNAR, J.; SIMON, R.; WEBER, M. P. *Lives of their Own*: Blacks, Italians, and Poles in Pittsburgh, 1900-1960. Urbana, University of Illinois Press, 1982.

BROWNING, C. R. Nazi Ghettoization Policy in Poland, 1939-1941. *Central European History*, v. 19, n. 4, 1986, p. 343-68.

CALDEIRA, T. *City of Walls*: Crime, Segregation and Citizenship in São Paulo. Berkeley, University of California Press, 2000, p. 264-5. [Ed. bras.: *Cidade de muros:* crime, segregação e cidadania em São Paulo. São Paulo, Edusp/Editora 34, 2000.]

CLARK, K. B. *Dark Ghetto*: Dilemmas of Social Power. Nova York, Harper, 1965, p. 11.

DE VOS, G.; CHUNG, D. Community Life in a Korean Ghetto. In: LEE, C; DE VOS, G. *Koreans in Japan*: Ethnic Conflict and Accomodation. Berkeley, University of California Press, 1981, p. 225-51.

DE VOS, G.; WAGATSUMA, H. (Eds.) *Japan's Invisible Race*: Caste in Culture and Personality. Berkeley, University of California Press, 1966.

DRAKE, S.; CAYTON, H. R. *Black Metropolis*: A Study of Negro Life in a Northern City. Chicago, The University of Chicago Press, 1993.

FRIEDMAN, P. The Jewish Ghettos of the Nazi Era. In: ______ . *Roads to Extinction*: Essays on the Holocaust. Nova York, The Jewish Publication Society of America, 1980, p. 59-87.

GAY, R. *The Jews of Germany*: A Historical Portrait. New Haven, Yale University Press, 1992, p. 67.

GERSTLE, G. *American Crucible*: Race and Nation in the Twentieth Century. Princeton, Princeton University Press, 2001 especialmente cap. 5.

GHEORGHE, N. Roma-Gypsy Ethnicity in Eastern Europe. *Social Research*, v. 58, n. 4, 1991, p. 829-44.

GOFFMAN, E. *Stigma*: Notes on the Management of Spoiled Identity. Nova York, Simon & Schuster, 1963.

GREENBERT, C. L. *Or Does it Explode?* Black Harlem in the Great Depression. Nova York, Oxford University Press, 1991.

HANE, M. *Peasants, Rebels and Outcastes*: The Underside of Modern Japan. Nova York, Pantheon, 1982.

HANNERZ, U. *Soulside*: Inquiries into Ghetto Culture and Community. Nova York, Columbia University, 1969, p. 79.

______ . *Explorer la ville*. Éléments d'anthropologie urbaine. Paris, Minuit, 1983, cap. 2.

HIRSCH, A. *Making the Second Ghetto*: Race and Housing in Chicago, 1940-1960. Cambridge, Cambridge University Press, 1983.

HUGHES, J. L. *Simple Stakes a Claim*. Nova York, Harcourt, Brace, Jovanovich, 1957, p. 20-1.

JOHNSON, J. W. *Black Manhattan*. Nova York, Da Capo, 1981, p. 4.

JOHNSON, P. Ghetto. In: ______ . *A History of the Jews*. Nova York, Harper Perennial, 1987, p. 230-310, especialmente p. 235-45.

KERNER COMMISSION. *The Kerner Report:* The 1968 Report of the National Advisory Commission on Civil Disorders. Nova York, Pantheon, 1989, p. 2.

LADÁNYI, J.; SZELÉNYI, I. La formation d'un sous-prolétariat rom. *Actes de la recherche en sciences sociales*, n. 160, dez. 2005.

LEVINE, M. P. Gay Ghetto. *Journal of Homosexuality*, v. 4, n. 4, 1979; retomado numa versão ampliada sob o título "YMCA": The Social Organization of Gay Male Life. In: *Gay Macho*: The Life and Death of the Homosexual Clone. Nova York, New York University Press, 1979, p. 30-54, citação da p. 31.

LIEBERSON, S. *A Piece of the Pie*: Blacks and White Immigrants since 1880. Berkeley, University of California Press, 1980.

LOGAN, J. R.; MOLOTCH, H. L. *Urban Fortunes*: The Political Economy of Place. Berkeley, University of California Press, 1987, cap. 1.

MASSEY, D.; DENTON, N. *American Apartheid*: Segregation and the Making of the Underclass. Cambridge, Harvard University Press, 1992.

MINGIONE, E. (Ed.) *Urban Poverty and the Underclass*. Oxford, Basil Blackwell, 1996.

MURRAY, S. O. The Institutiona1 Elaboration of a Quasi-Ethnic Community. *lnternational Review of Modern Sociology*, n. 9, jul. 1979, p. 165-77.

NELLI, H. S. *ltalians in Chicago, 1880-1930*: A Study in Ethnic Mobility. 2. ed. Nova York, Oxford University Press, 1970.

NOIRIEL, G. *Le creuset français*. Paris, Seuil, 1988.

OSOFSKY, G. *Harlem*: The Making of a Ghetto – Negro New York, 1890-1930. Nova York, Harper and Row, 1971.

PERLMAN, J. *The Myth of Marginality*: Urban Poverty and Politics in Rio de Janeiro. Berkeley, University of California Press, 1976, p. 195.

PÉTONNET, C. *Espaces habités:* ethnologie des banlieues. Paris, Galilée, 1982.

PHILPOTT, T. L. *The Slum and the Ghetto*: Neighborhood Deterioration and Middle-Class Reform, Chicago, 1880-1930. Nova York, Oxford University Press, 1978, p. 141-5.

PORTES, A.; STEPICK, A. *City on the Edge*: The Transformation of Miami. Berkeley, University of California Press, 1993.

QUIJANO, A. Notas sobre el concepto de marginalidad social. Santiago de Chile, *Commission for Latin American Report*, 1968.

SAYAD, A.; DUPUY, É. *Un Nanterre algérien, terre de bidonvilles*. Paris, Autrement, 1995.

SENNETT, R. Fear of Touching. In: ______ . *Flesh and Stone*: The Body and the City in Western Civilization. Nova York, W. W. Norton, 1994, cap. 7, p. 212-51, especialmente p. 224.

SPEAR, A. H. *Black Chicago*: The Making of a Negro Ghetto, 1890-1920. Chicago, The University of Chicago Press, 1968.

STOW, K. R. *Alienated Minority*: The Jews of Medieval Latin Europe. Cambridge, Harvard University Press, 1992.

SZELÉNYI, I.; LADÁNYI, J. *A Kirekesz-tettseg Valtozo Formai*. Budapeste, Napvilag, 2004.

WACQUANT, L. Urban Oucasts: Stigma and Division in the Black American Ghetto and the French Urban Periphery. *International Journal of Urban and Regional Research*, v. 17, n. 3, set. 1993, p. 366-83.

WACQUANT, L. Gutting the Ghetto: Political Censorship and Conceptual Retrenchment in the American Debate on Urban Destitution. In: CROSS, M.; MOORE, R. (Eds.) *Globalization and the New City*: Migrants, Minorities and Urban Transformations in Comparative Perspective. Basingstoke, Palgrave, 2002, p. 32-49.

______ . Une ville noire dans la blanche: le ghetto étasunien revisité. *Actes de la recherche en sciences sociales,* n. 160, dez. 2005, p. 22-31.

______ . *Deadly Symbiosis*: Race and the Rise of Neoliberal Penality. Cambridge, Polity Press, 2006.

______ . *Os condenados da cidade:* um estudo sobre a marginalidade avançada. Rio de Janeiro, Revan Editora, 2001.[Ed. esp.: *Parias urbanos:* marginalidad en la ciudad. Buenos Aires, Ediciones Manantial, 2001.]

WARD, D. *Poverty, Ethnicity, and the American City, 1840-1925*: Changing Conceptions of the Slum and Ghetto. Cambridge, Cambridge University, 1989.

WESTERN, J. *Outcast Cape Town*. Minneapolis, University of Minnesota Press, 1981.

WILSON, W. J. *The Truly Disadvantaged*: The Inner City, the Underclass, and Public Policy. Chicago, The University of Chicago Press, 1987.

WIRTH, L. *The Ghetto*. Chicago, The University of Chicago, 1928.

______ . The Ghetto. In: REISS JR., A. J. (Ed.) *On Cities and Social Life*. Chicago, The University of Chicago Press, 1964, p. 84-98.

ZHOU, M. *Chinatown*: The Socio-Economic Potential of an Urban Enclave. Filadélfia, Temple University Press, 1992.

ZUNZ, O. *The Changing Face of Inequality*: Urbanization, Industrial Development, and Immigrants in Detroit, 1880-1920. Chicago, The University of Chicago Press, 1986.

A PENALIZAÇÃO DA MISÉRIA E O AVANÇO DO NEOLIBERALISMO

ATTORNEY GENERAL. *The New York City Police Department's "Stop and Frisk" Practices:* A Report to the People of the State of New York from the Office of the Attorney General. Nova York, Civil Rights Bureau, 1999.

BOURDIEU, P. *Contre-feux*. Paris, Raisons d'Agir, 1998.

CHRISTIE, N. *Crime Control as Industry*: Towards Gulags, Western Style? Londres, Routledge, 2000.

CRAWFORD, A. *Crime Prevention and Community Safety*: Politics, Policies and Practices. Londres, Longman, 1998.

FAUGERON, C. La dérive pénale. *Esprit*, n. 215, out. 1995.

GARLAND, D. (Ed.) *Mass Imprisonment*: Social Causes and Consequences. Londres, Sage, 2001.

KING, R. D.; MAGUIRE, M. (Orgs.) *Prisons in Context*. Nova York, Oxford University Press, 1998.

LE MONDE. *M. Jospin contre la pensée unique internationale. Un entretien avec le Premier Ministre*, 7 jan. 1999.

PALIDDA, S. *Polizia postmoderna:* etnografia del nuovo controllo sociale. Milão, Feltrenelli, 2000.

SAINATTI, G.; BONELLI, L. (Eds.) *La machine à punir:* pratique et discours sécuritaires. Paris, Dagorno, 2000.

SPIERENBURG, P. The Body and the State: Early Modern Europe. In: MORRIS, N.; ROTHMAN, D. J. (Eds.) *The Oxford History of the Prison*: The Practice of Punishment in Western Society. Oxford, Oxford University Press, 1995.

STERN, V. *A Sin Against the Future*: Imprisonment in the World. Boston, Northeastern University Press, 1997.

TONRY, M.; PETERSILIA, J. *Prisons*. Chicago, The University of Chicago Press, 1999.

WACQUANT, L. *As prisões da miséria.* Rio de Janeiro, Jorge Zahar, 2001 [Ed. franc.: *Les prisons de la misère.* Paris, Raisons d'Agir, 1999.]

______ . How Penal Common Sense Comes to Europeans: Notes on the Transatlantic Diffusion of Neoliberal Doxa. *European Societies*, v. 1, n. 3, 1999.

______ . 'Suitable Enemies': Foreigners and Immigrants in Europe's Prisons. *Punishment & Society*, v.1, n. 2, 1999.

______ . The New 'Peculiar Institution': On the Prison as Surrogate Ghetto. *Theoretical Criminology*, edição especial sobre "New Social Studies of the Prison", v. 4, n. 3, 2000.

______ . Mister Bratton Goes to Buenos Aires. Prefacio a la edición para América Latina. In: *Las cárceles de la miseria.* Buenos Aires, Ediciones Manantial, 2000.

______ . Deadly Symbiosis: When Ghetto and Prison Meet and Mesh. *Punishment & Society*, v. 3, n. 1, 2001.

______ . Rumo a uma ditadura sobre os pobres? Nota aos leitores brasileiros. *As prisões da miséria.* Rio de Janeiro, Jorge Zahar, 2001.

OS REJEITADOS DA SOCIEDADE DE MERCADO

ADAMS, R.; RIKER, A. *Double Jeopardy*: An Assessment of the Felony Drug Provision of the Welfare Reform Act. Washington, Justice Policy Institute, 1999.

BURT, M. *Over the Edge*: The Growth of Homelessness in the 1980s. Nova York, Russell Sage Foundation, 1992, p. 57.

CALIFORNIA JOURNAL. *California Mental Health Care: From the Snakepit to the Street?*, 1° de out. 1997, p. 37-45.

CURRIE, E. *Crime and Punishment in America.* Nova York, Henri Holt and Company, 1998, p. 166.

DEPARTAMENTO CORRECIONAL DA CALIFÓRNIA. *Historical Trends*: Institution and Parole Population, 1976-1996. Sacramento, CDC, 1997, tabela 4a.

EDENS, J. F.; OTTO, R. K. Prevalence of Mental Disorders Among Youth in the Juveline Justice System. *Focal Point*: A National Bulletin on Family Support and Children's Mental Health, n. 11, 1997, p. 7.

FABELLO, T. *Sentencing Dynamics Study*. Austin, Criminal Justice Policy Council, 1993.

FISHMAN, M.; CAVENDER, G. (Eds.) *Entertaining Crime*: Television Reality Programs. Nova York, Aldine, 1998.

KAGAN, D. E. Landmark Chicago Study Documents Rate of Mental Illness Among Jail Inmates. *Corrections Today*, v. 52, n. 7, dez. 1990, p. 164-9.

KUPERS, T. *Prison Madness*: The Mental Health Crisis Behind Bars and What We Must Do About It. São Francisco, Jossey Bass, 1999, especialmente p. 257-65.

LOS ANGELES TIMES. *Governor Won't Block Execution of Vietnam Veteran*, 1° de maio 1999.

MECHANIC, D.; ROCHEFORT, D. A. Deinstitutionalization: An Appraisal of Reform. *Annual Review of Sociology*, n. 16, 1990, p. 301-27.

MUMOLA, C. J. *Substance Abuse and Treatment, State and Federal Prisoners, 1997*. Washington, DC, Bureau of Justice Statistics, 1998.

MUMOLA, C. J.; BONCZAR, T. P. *Substance Abuse and Treatment of Adults on Probation, 1995*. Washington, DC, Bureau of Justice Statistics, 1998.

MUMOLA, C. J.; BECK, A. J. *Prisoners in 1996*. Washington, DC, Bureau of Justice Statistics, 1997, p. 10 e 11.

PALERMO, G.; SMITH, M.; LISKA, F. Jails Versus Mental Hospitals: A Social Dilemma. *International Journal of Offender Therapy and Comparative Criminology*, v. 35, n. 2, 1991, p. 97-106.

PETERSILIA, J. Justice for All? Offenders with Mental Retardation and the California Corrections System. *Prison Journal*, v. 77, n. 4, dez. 1997, p. 358-80.

ROUSE, B. A. (Ed.) *Substance Abuse and Mental Health Statistics Sourcebook*. Washington, Department of Health and Human Services, 1998.

SAN FRANCISCO CHRONICLE. *Babbitt's Lawyers Raise Race Issue as Execution Nears*, 2 maio 1999.

SHEEHAN, S. *Life for Me Ain't Been no Crystal Stair*. Nova York, Vintage, 1993.

TEPLIN, L. A. Psychiatric and Substance Abuse Disorders Among Male Urban Jail Detainees. *American Journal of Public Health*, v. 84, n. 2, fev. 1994, p. 290-3.

TEPLIN, L. A.; PRUETT, N. S. Police as Street Corner Psychiatrist: Managing the Mentally Ill. *International Journal of Law and Psychiatry*, v. 15, n. 2, 1992, p. 139-56.

THE BOSTON GLOBE. *Honorable Discharge: Executed as a Villain, Vietnam Veteran Gets Hero's Burial*, 11 maio 1999.

THE BUFFALO NEWS. *Medication Law Illegal, Advocates for Mentally Ill Say*, 23 fev. 1999.

_______ . *'Kendra's Law' Makes Progress: Pataki, Silver Back Mandatory Treatment for Mental Patients*, 20 maio 1999.

THE MINNEAPOLIS STAR TRIBUNE. *Manny Babbitt: A Tale of Justice Gone Both Blind and Wrong*, 6 maio 1999.

THE NEW YORK TIMES. *Asylums Behind Bars: Prisons Replace Hospitals for the Nation's Mentally Ill*, 5 mar. 1998.

______ . *Man Claims 'Ghost' Drove Him to Push Woman to Her Death*, 4 mar. 1999.

______ . *Subway Killing Suspect Is Ruled Fit for Trial*, 6 abr. 1999.

______ . *Hundreds Take up the Cause of a Killer*, 26 abr. 1999.

______ . *Vietnam Veteran Executed for 1980 Murder*, 5 maio 1999.

TORREY, E. F. et al. Criminalizing the Seriously Mentally Ill: The Abuse of Jails as Mental Hospitals. In: *Mental Illness and the Law*. Washington, National Alliance for the Mentally Ill, 1998, p. 11-4.

UNITED STATES SENTENCING COMMISSION. *Special Report to Congress*: Cocaine and Federal Sentencing Policy. Washington, Government Printing Office, fev. 1995.

WACQUANT, L. Les pauvres en pâture: la nouvelle politique de la misére en Amérique. *Hérodote*, n. 85, 1997, p. 21-33.

WHITMER, G. E. From Hospitals to Jails: The Fate of California's Deinstitutionalized Mentally Ill. *American Journal of Orthopsychiatry*, v. 50, n. 1, jan. 1980, p. 65-75, citação da p. 66.

WINERIP, M. Bedlam on the Streets: Increasingly, the Mentally Ill Have Nowhere to Go. *New York Times Magazine*, 23 maio 1999, p. 42-4.

QUATRO ESTRATÉGIAS PARA CORTAR OS CUSTOS DO ENCARCERAMENTO EM MASSA NOS ESTADOS UNIDOS

BURGER, W. E. Prison Industries: Turning Warehouses into Factories with Fences. *Public Administration Review*, nov. 1985, p. 754-7.

BURTON-ROSE, D.; PENS, D.; WRIGHT, P. (Eds.) *The Celling of America*: An Inside Look at the U.S. Prison Industry. Monroe, Common Courage Press, 1998, p. 102-31.

CHICAGO TRIBUNE. *Paying Debt to Society May Add up for Inmates: State Lawsuits Seek Cash from Prisoners*, 16 mar. 1998.

CHRISTIANSON, S. *With Liberty for Some*: Five Hundred Years of Imprisonment in America. Boston, Northeastern University Press, 1998.

DEPARTAMENTO CORRECIONAL DA CALIFÓRNIA. *The Cost of Housing an Inmate, 1997-98*. Sacramento, 1998.

DUMM, T. L. *Democracy and Punishment*: Disciplinary Origins of the United States. Madison, University of Wisconsin Press, 1987.

FLANAGAN, T. J.; MAGUIRE, K. A Full-employment Policy for Prisons in the United States: Some Arguments, Estimates, and Implications. *Journal of Criminal Justice*, v. 21, n. 2, 1993, p. 117-30

GARLAND, D. (Ed.) *Mass Imprisonment*: Social Causes and Consequences. Londres, Sage, 2001.

GARVEY, S. P. Freeing Prisoners' Labor. *Stanford Law Review*, v. 50, n. 2, 1998, p. 339-98.

GASEAU, M.; CARAMANIS, C. B. Success of Inmates Fees Increases their Popularity among Prisons and Jails. *The Corrections Network* (revista on-line), out. 1998.

GRAYSON, M. Inmates, Inc.: In Favor of Prison Labor. Benefits of Prison Work Programs. *Spectrum: The Journal of State Government*, v. 70, n. 2, 1997, p. 2-5.

JOHNSON, W. et al. Getting Tough on Prisoners: Results from the National Corrections Executive Survey, 1995. *Crime and Delinquency*, v. 43, n. 1, 1997, p. 25-6.

MCDONALD, D.; HASSOL, A.; CARLSON, K. Can Telemedicine Reduce Spending and Improve Prisoner Health Care? *National Institute of Justice Journal*, abr. 1999, p. 20-8.

MILLER, J. G. *Search and Destroy*: African-American Males in the Criminal Justice System. Cambridge, Cambridge University Press, 1997.

MILLER, R. Jails and Inmate Labor: Location, Location, Location. *Corrections Today*, v. 61, n. 6, 1999, p. 107.

PAGE, J. *Eliminating the Enemy: A Cultural Analysis of the Exclusion of Prisoners from Higher Education*. Berkeley, 2001. Dissertação (Mestrado) – Universidade da Califórnia.

PYLE, K. L. Prison Employment: A Long-term Solution to the Overcrowding Crisis. *Boston University Law Review*, v. 77, n. 1, 1997, p. 151-80.

REYNOLDS, M. *Making America Poorer*: The Cost of Labor. Washington, DC, Cato Institute, 1987.

REYNOLDS, M. *Factories Behind Bars*. Dallas, National Center for Policy Analysis [NCPD], 1998. (mimeo.)

SMITH, G. Inmate Labor Law: Yesterday, Today and Tomorrow. *Corrections Today*, fev. 1996, p. 25-32.

STURM, S. The Legacy and Future of Corrections Litigation. *University of Pennsylvania Law Review*, n. 142, 1993, p. 639-738.

THE DALLAS MORNING NEWS. *Arizona Inmates May See Last Special Deliveries*, 22 dez. 1996.

TONRY, M. *Malign Neglect*: Race, Crime, and Punishment in America. Nova York, Oxford University Press, 1995.

TONRY, M.; PETERSILIA, J. (Eds.) *Prisons*. Chicago, The University of Chicago Press, 1999.

WACQUANT, L. Les pauvres en pâture: la nouvelle politique de la misère en Amérique. *Hérodote*, n. 85, 1997, p. 21-33.

______. From Slavery to Mass Incarceration: Rethinking the 'Race Question' in the United States. *New Left Review*, n. 13, 2002, p. 40-61.

______. *As prisões da miséria*. Rio de Janeiro, Jorge Zahar, 2001. [Les prisons de la misére. Paris, Raisons d'Agir, 1999.]

O PENSAMENTO CRÍTICO COMO SOLVENTE DA *DOXA*

BOURDIEU, P.; WACQUANT, L. On the Cunning of Imperialist Reason. *Theory, Culture & Society*, v. 16, n. 1, fev. 1999, p. 41-57.

______. New LiberalSpeak: Notes on the New Planetary Vulgate. *Radical Philosophy*, n. 105, jan. 2001, p. 2-5.

VENN, C.; FRENCH, J. D.; PIETERSE, J. N.; FRIEDMAN, J.; WERBNER, P.; SASSEN, S. *Theory, Culture & Society*, v. 17, n. 1, fev. 2000.

WACQUANT, L. *As prisões da miséria*. Rio de Janeiro, Jorge Zahar, 2001. [Ed. franc.: *Les prisons de la misère*. Paris, Raisons d'Agir, 1999.]

______. Os condenados da cidade: um estudo sobre a marginalidade avançada. Rio de Janeiro, Revan, 2001. [Ed. esp.: *Parias urbanos:* marginalidad en la ciudad. Buenos Aires, Ediciones Manantial, 2001.]

OUTRAS PUBLICAÇÕES DA BOITEMPO

Brasil: uma biografia não autorizada
Francisco de Oliveira
Apresentação de **Fabio Mascaro Querido e Ruy Braga**
Orelha de **Marcelo Ridenti**

Esquerdas do mundo, uni-vos!
Boaventura de Sousa Santos
Orelha de **Guilherme Boulos e Tarso Genro**
Quarta capa de **Nilma Lino Gomes**

Gênero e desigualdades: limites da democracia no Brasil
Flávia Biroli
Orelha de **Céli Pinto**
Quarta capa de **Albertina de Oliveira Costa**

A liberdade é uma luta constante
Angela Davis
Organização de **Frank Barat**
Tradução de **Heci Regina Candiani**
Prefácio à edição brasileira de **Angela Figueiredo**
Prefácio de **Cornel West**
Orelha de **Conceição Evaristo**

A nova segregação: racismo e encarceramento em massa
Michelle Alexander
Tradução de **Pedro Davoglio**
Revisão técnica e notas de **Silvio Luiz de Almeida**
Apresentação de **Ana Luiza Pinheiro Flausina**
Orelha de **Alessandra Devulsky**
Quarta capa de **Eliane Dias**

COLEÇÃO TINTA VERMELHA

Por que gritamos golpe?
Ivana Jinkings, Kim Doria e Murilo Cleto (orgs.)
Apresentação de **Ivana Jinkings**
Quarta capa de **Luiza Erundina e Boaventura de Sousa Santos**

COLEÇÃO MARX-ENGELS

Diferença entre a filosofia da natureza de Demócrito e a de Epicuro
Karl Marx
Tradução de **Nélio Schneider**
Apresentação de **Ana Selva Albinati**
Orelha de **Rodnei Nascimento**

COLEÇÃO ESTADO DE SÍTIO
Coordenação de Paulo Arantes

Comum: ensaio sobre a revolução no século XXI
Pierre Dardot e Christian Laval
Tradução de **Mariana Echalar**
Orelha de **Eleutério Prado**

COLEÇÃO MARXISMO E LITERATURA
Coordenação de Michael Löwy

Ensaios sobre Brecht
Walter Benjamin
Tradução de **Claudia Abeling**
Posfácios de **Sérgio de Carvalho e José Antonio Pasta**
Orelha de **Iná Camargo Costa**

COLEÇÃO MUNDO DO TRABALHO
Coordenação de Ricardo Antunes

Gênero e trabalho no Brasil e na França
Alice Rangel de Paiva Abreu, Helena Hirata e Maria Rosa Lombardi (orgs.)
Tradução de **Carol de Paula**
Prefácio de **Tatau Godinho**
Orelha de **Renata Gonçalves**
Quarta capa de **Miriam Nobre**

SELO BARRICADA
Conselho editorial Gilberto Maringoni e Luiz Gê

Marx: uma biografia em quadrinhos
Anne Simon e Corinne Maier
Tradução de **Mariana Echalar**
Letras de **Lilian Mitsunaga**

SELO BOITATÁ

O capital para crianças
Joan R. Riera (adaptação)
Ilustrações de **Liliana Fortuny**
Tradução de **Thaisa Burani**

Meu crespo é de rainha
bell hooks
Ilustrações de **Chris Raschka**
Tradução de **Nina Rizzi**

O Deus Dinheiro
Karl Marx e Maguma (ilustrações)
Tradução de **Jesus Ranieri e Artur Renzo**

Este livro foi composto em Bembo, corpo 11/13,2, títulos em Helvética, e reimpresso em papel Avena 80 g/m² pela gráfica Forma Certa, para a Boitempo, em fevereiro de 2025, com tiragem de 100 exemplares.